KB073556

집중력의 배신

집중력의 배신

매혹의 시대에서 중독과 몰입의 균형 찾기

한덕현 지음

21세기북스

　누군가 나에게 "세상에서 가장 큰 물고기는?" 하고 물으면, 나는 지체 없이 '고래'라고 답할 것이다. 성격이 조금이라도 깐깐한 사람이라면 이 답을 듣고 바로 틀렸다고 말할 수 있다. 고래는 아가미로 숨을 쉬지 않고 가끔 물 위로 올라와 허파로 숨을 쉬며, 알을 낳는 물고기와 달리 새끼를 낳아 젖을 먹이는 포유류다. 그러니 세상에서 가장 큰 물고기에 대한 정답은 아가미로 숨을 쉬고 알을 낳는 '고래상어'다.

　물에 살면 다 물고기지 뭐 그렇게까지 구분해야 하나

생각하는 사람도 있을지 모르겠다. 하지만 물에 산다고 모두 물고기라고 말하는 것은 지나친 일반화다. 물에 사는 포유류인 고래는 해양학적·진화론적 측면에서 중요한 상징성을 갖는다. 그래서 학자들은 이 중요한 의미를 보전하고 발전시키기 위해 고래-포유류의 진실이 지나친 일반화에 빠지지 않게 주의하며 대중에게 고래의 정체성에 대해 홍보한다.

우리는 일상에서도 비슷한 예를 찾을 수 있다. 이자벨 아자니 주연의 프랑스 영화 〈중독된 사랑(Toxic affair)〉, 송승헌, 임지연 주연의 영화 〈인간중독〉을 보자. 영화가 끝나기도 전에 우리는 어두운 내용과 부정적 결말을 예상한다. '사랑'이라는 강력한 긍정적 단어가 같이 있어도, '중독'이라는 단어가 주는 부정적 이미지가 훨씬 더 강하기에 그 단어의 선입견에 빠져드는 것이다.

중독이라는 단어가 그렇게 큰 부정적 이미지를 주는 이유가 있다. 중독은 많은 노력과 에너지를 들이고도 나쁜 결과를 만들어내고, 결국 노력하기 전보다도 훨씬 못한 (소위 본전도 못 찾는) 상태를 경험하게 하기 때문이다. 반면에 많은 노력과 에너지를 효과적으로 발휘하여 처음보다 훨씬 좋은 결과를 이루어내기 위한 (본전을 훨씬 뛰어넘은) 정신적 행위는 '몰입'이다. 중독과 몰입은 어떤 행위에 '노력과 에너지를 모두 써버린다'는 같은 과정을 거치지만 극단의 다른 결과, 즉 본전 미만 vs 본전 상회를 보여준다. 그래서 많은 사람이 몰입과 중독은 같은 선상에 있는 비슷한 현상이지만, 조금만 엇나가면 부정적인 의미의 중독이 되고 조금만 운이 좋으면 몰입이 된다고 생각한다. 그리고 일상생활의 많은 일, 특히 막대한 시간을 들이면서 노력을 쏟아붓는 모든 행위에 중독이라는 단어를 갖다 붙인다.

하지만 중독과 몰입으로 가는 과정에서 영향을 미치는 많은 요소를 생각해본다면 중독과 몰입은 같은 선상이라기보다는 어쩌면 다른 '류'에 놓인 또 하나의 '고래'와 '고래상어'가 아닐까 싶다. 고래가 해양학적·진화론적 측면에서 중요한 의미를 갖듯, 몰입 역시 단순히 중독과 한 끗 차이로 달라지는 행위가 아니라 완전히 구분되어 우리 생활에서 더욱 보호받고, 장려받고, 홍보되어야 한다는 의미다.

　이 책에서는 중독과 몰입을 나란히 놓고 단순히 '강도' 혹은 '정도'만을 비교하지 않았다. 오히려 다른 차원에 두고 각각의 특징을 비교했다. 몰입에서 중요한 개념인 '도파민', '전두엽', '충동성'에 대한 이야기도 풀어냈다. 물론 이런 개념을 설명할 때, 특정 호르몬이 무조건 많이 나온다고 해서 중독 물질이고, 적게 나온다고 해서 안전한 것이라는 이분법적 관점에서 이야기하지도 않았다. 도파민이 어떻게 분비되며, 왜 전두엽이 활성화되는지, 나아가 무엇이 충동성을 야기하는지에 대한 이야기를 다양한 차원에서 전개했다.

　경쟁이 치열한 세상이다. 적어도 내가 쓰는 글만큼은 '남들보다 1퍼센트라도 더 효율적으로 사는 것이 잘 사는 것이다'라는 처세법을 강요하는 또 하나의 자기계발서가 되고 싶지는 않았다. 그보다는 자신이 들인 노력의 본전도 찾지 못한 허망한 사람들이 중독이라는 허상을 원망만 하고 있는 것이 안타까웠다. 그래서 이들이 잠시 잊고 있었던 자신을 찾으며, 최소의 본전을 회복할 수 있는 소소한 위로 혹은 잔소리를 조금 써보고자 했다. 이 글을 통해 스스로 중독에 취약하다고 생각하는 많은 사람이 위안을 얻으며 중독을 극복하고 몰입으로 나아가기 위한 길을 찾기 위해 노력한다면 나로서는 더할 나위 없는 보람일 것이다.

2024년 6월
한덕현

중독은 여행의 끝을 의미하지만,
몰입은 여정의 시작이다.

2부 나를 물들게 하지 않는 뇌 사용법

3부 중독, 어디까지가 병인가

4부 몰입은 어떻게 설계되는가

1부

선 넘는 중독,
선 긋는 몰입

🔋

좋아하는 일을 오래 하는 것은 집중력과는 무관하다.

오히려 싫어하는 것을 지속할 수 있는 능력, 복잡한 것을

해결하기 위해 오랫동안 고민할 수 있는 능력이

의학적인 측면에서 바라본 집중력에 가깝다.

01
가깝고도 먼 중독과 몰입 사이

중독과 몰입의 이해

—

현대사회에서 중독은 낯선 단어가 아니다. 과거에는 심각한 질병처럼 여겨지던 중독이란 표현을 이제는 누구나 일상적으로 사용한다. 게임을 좋아하는 친구에게 "너 게임 중독이야"라고 말하기도 하고, 특정 사물이나 행위에 깊이 빠지면 자기 자신에게도 스스럼없이 "○○에 중독되었다"라고 이야기한다. 지나친 자신의 관심을 중독이라는 한 단어로 압축해 표현하려는 현상이 만연해진 것이다. 대중매체에서도 스마트폰 중독, 사랑 중독, 일중독, 카페인 중독 등 가벼운 증상부터 인터넷 중독, 도박 중독, 알코올 중독 등 심각한 현상에 이르기까지 '중독'이라는 단어를 무분별하게 사용하며 용어의 정의를 희석한다.

한편으로 누군가는 현대사회가 몰입을 잃어버린 시대라고 말하기도 한다. 주변의 자극이 너무 많기에 자신이 집중적으로 관심을 가지고 해야 할 일은 되레 못하는 경우가 많기 때문이다. 지금 당장 해야 하는 일에 신경을 쓰지 못하고 산만하게 굴거나 산더미처럼 쌓여 있는 일의 우선순위를 정하지 못한 채 우왕좌왕한다. 스마트폰이 대중화되면서 이런 현상은 점점 더 심해졌고, 소위 '도둑맞은 집중력'이 사회 문제로까지 지적되기도 한다.

그렇다면 중독과 몰입은 어떻게 같고, 또 어떻게 다를까? 중독과 몰입은 공통적으로 어떤 한 가지 행위를 지속적으로 하고 싶은 욕구를 의미한다. 하지만 중독에는 특정 물질을 사용하고 싶은 강한 욕구 혹은 의지가 포함되며 사용자가 이 물질에 대한 통제를 어려워한다는 특징이 있다. 또한 특정 물질을 사용함으로써 유해한 결과가 따라온다는 사실을 자각함에도 불구하고 끊어내지 못하고 어느 순간부터는 강한 충동에 휩싸여 지속적으로 사용한다는 점이 몰입과는 구분된다. 반면 몰입의 사전적인 의미는 주위의 잡념, 그리고 방해물을 차단하고 원하는 곳에 자신의 모든 정신을 집중하는 일이다.

개념 비교만 보아도 알 수 있듯이 중독에는 부정적인 의미가 강하고, 몰입에는 긍정적인 의미가 강하다. 쉽게 말하자면, 어떤 물질이나 행위를 하는 데 자타의 시선이 긍정적이라면 몰입, 부정적이라면 중독이라고 보는 것이 타당하다. 하지만 이것만으로는 몰입과 중독의 완벽한 정의라고 보기 어렵다. 이 둘의 구체적인 차이에 대해서는 앞으로 차차 설명하도록 하겠다.

어떤 행위를 지속적으로 하고 싶은 욕구를 긍정적 또는 부정적으로 나누는 또 하나의 기준은 충동성과 집중력이다. 이 역시 공통점과 차이점이 존재하는데 공통점은 어떤 행위를 하고 싶은 욕구를 느끼는 성질이라는 점이다. 다만 충동성은 주변 상황이나 자기가 한 행동의 결과를 고려하지 않고 급작스럽게 행동하는 경향이 더 강하다.

예를 들어, 내일 시험을 앞둔 학생이라면 지금 당장 공부를 하는 것이 마땅함에도 개의치 않고 게임을 한다거나 중요한 프레젠테이션을 준비하고 있는 회사원이 발표 준비는 뒷전으로 미룬 채 놀러간다면 이는 충동성에서 비롯된 행위라고 볼 수 있다. 다이어트를 선언한 사람이 칼로리가 높은 도넛을 먹는다고 가정했을 때, 어떤 사람은 다이어트라는 목표를 충실히 수행하기 위해 정해진 시간과 섭취량, 운동 루틴 등을 계산해 목표를 방해하지 않는 선에서 먹지만, 어떤 사람은 '치팅데이'가 아님에도 무계획적으로 먹거나 정량 이상으로 서너 개를 먹어버리기도 한다. 이런 행위들은 충동성에서 기인한다. 갑자기 무언가를 하고 싶고, 어딘가로 가고 싶고, 어떤 것을 먹고 싶어 하는 모든 행위가 충동성과 관련있다.

반면 집중력은 어떤 욕구를 실현하기 위해 수단과 방

법을 계획하고 성공적으로 수행할 수 있도록 정신을 한 곳으로 모으는 행위를 의미한다. 어떤 욕망을 이루기 위해 한자리에 앉아서 또는 하나만 바라보며 행동하는 것이다. 예를 들어, 학생이 시험에서 100점을 맞기 위해 몇 시간이고 자리를 떠나지 않고 공부하거나 연구원이 연구 성과를 달성하기 위해 휴가도 가지 않고 실험에만 매달리는 모습을 보면 "집중력이 좋다"라고 이야기할 수 있다.

　이렇게 길게 설명하지 않아도 충동성이나 집중력에 대해 모르는 사람은 거의 없을 것이다. 다만 이렇게 개념을 한번 짚고 넘어감으로써 앞으로 이야기할 중독과 몰입에 대한 이해도가 높아질 수 있다.

중독의 세 가지 조건

—

　현대사회에서는 그 의미가 많이 희석되었지만, 앞서 말한 것처럼 중독은 대체로 부정적인 의미를 내포하고 있다. 그렇다고 해서 충동성에 원인을 두고 이루어지는 모든 행위를 중독이라고 부르지는 않는다. 전통적으로 중독을 진단할 때는 다음과 같은 세 가지 핵심적 증상이 나타나야 한다.

첫 번째는 갈망(craving)이다. 갈망은 쉽게 이야기하자면 무언가를 간절히 바라는 마음으로 무언가를 하고 싶고, 보고 싶고, 섭취하고 싶은 것 등을 모두 포함한다. 특정 목표에만 너무 집중하다 보니 다른 행동이나 생각은 아예 들지 않고 오로지 그것만을 바라게 만드는 상태를 말한다.

두 번째는 내성(tolerance)이다. 어떤 행위를 반복해서 수행함으로써 이로 인한 효과가 점차 줄어드는 것이다. 이전과 같은 즐거움을 느끼거나 같은 욕망을 달성하기 위해서는 그 행위를 하는 횟수와 양이 점점 늘어나야 한다는 의미다. 예를 들어, 어떤 사람이 한 달 전에는 소주 한 잔만으로도 적당히 취하고 기분이 좋아졌는데 매일 술을 마시다 보니 한 달 뒤에는 두 잔을 마셔야 취하게 되고, 세 달 뒤에는 세 잔을, 다섯 달 뒤에는 다섯 잔을 마시는 등 시간이 흐를수록 더 많은 양을 마셔야만 같은 기분을 느낄 수 있게 되었다면 술에 대한 내성이 생긴 것이다. 전통적인 중독 개념에서 내성은 가장 주목할 만한 특징이며 심각한 문제이기도 하다.

마지막 세 번째는 금단증상(withdrawal symptom)이다. 금단증상은 만성 중독자가 특정 물질의 섭취나 행위를 끊었을 때 일어나는 정신적 혹은 신체적 증상을 이야기한다. 금단증상은 단순히 심리적인 상태 또는 느낌으로만 나타나는 것이 아니다. 가볍게는 불안, 불면과 같은 증상이 나타나며 식은땀이 나거나 헛것이 보이는 느낌, 심각하게는 피부에 벌레가 기어다니는 느낌처럼 환시나 환촉 증상이 나타나기도 한다. 이와 같은 생물학적 징후까지 보인다면 일상생활을 정상적으로 유지할 수 없을 만큼 심각한 상태이므로 중독과 금단 문제를 결코 가볍게 여겨서는 안 된다.

이렇게 갈망, 내성, 금단증상의 세 가지 현상이 함께 나타난다면 무언가에 중독되었다고 봐도 무방하다. 물론 병리적인 중독인지 스스로 판단하는 것은 위험할 수 있다. 따라서 자신의 상황을 정확하게 알아보기 위해서는 정신과에 방문해 검증된 진단 기준에 따라 검사를 받아봐야 한다.

일상을 서서히 망가뜨리는 중독이라는 덫

—

대부분의 사람에게는 일상을 유지하는 규칙적인 생활 패턴이 있다. 이는 우리를 평온하게 만들어주며 몸과 마음을 건강하게 하는 기본적인 요소가 되기도 한다. 아침에 일어나 출근 혹은 통학 준비를 하고, 낮에는 일이나 학업처럼 자신이 해야 하는 일에 몰두하고, 저녁에는 집으로 돌아와 가족과 함께 하루를 마무리한다. 직업과 상황에 따라 다른 생활 방식을 꾸리는 사람도 있지만, 그 모든 일상에 특정 패턴이 있다는 것만은 공통점일 것이다.

하지만 중독자들의 삶은 다르다. 그들의 일상은 철저하게 파괴되어 있다. 한 알코올의존증 환자의 하루를 가상 상황으로 살펴보자. 이 사람은 매일같이 술을 마시느라 출근 시간을 제대로 지키지 못하고 출근해서도 일에 집중하지 못한 채 하루 종일 꾸벅꾸벅 졸기 일쑤다. 집에 돌아와서도 제대로 된 끼니를 챙기기는커녕 또다시 술을 마시고, 가족에게는 화를 내거나 심하면 폭력을 휘두르는 바람에 가정도 완전히 산산조각 났다. 이처럼 중독자의 평범한 일상은 일과 가정 등 다각도로 무너져 있다. 이를 그대로 방치하면 상황이 점점 나빠질 뿐이어서 회복은 멀어지기 마련이다.

상황이 이렇다 보니 이와 함께 규칙성의 파괴가 일어난다. 예를 들어, 3~4개월간 일정하게 유지되던 체중이 지나친 음주 또는 마약과 같은 중독 물질로 인해 급격하게 늘거나 줄어드는 일이 발생할 수 있고, 평소 분당 60~70회로 규칙적이던 심박수가 갑자기 80~90회로 늘어나는 일이 생길 수도 있다. 바이오 시그널, 즉 생물학적 신호가 규칙성을 잃어버리는 파괴가 일상생활의 파괴와 함께 일어나게 되는 것이다. 생물학적인 변화뿐만 아니라 심리적·정서적 변화 역시 중독으로 찾아오는 증상 가운데 하나다.

중독의 세 가지 조건 중 하나인 갈망 역시 단순히 무언가를 원하는 것과는 구분된다. 사람이라면 누구나 무언가를 갖거나 이루고 싶은 마음이 생기기 마련이다. 성장을 추구하며 일생의 목표를 달성하기 위해 노력하는 태도를 보고 갈망이라고 말하지는 않는다. 이런 일반적인 목표와 중독의 조건으로서의 갈망은 충동적이냐 그렇지 않느냐로 구분된다.

아무런 목표나 의미 없이 갑자기 무언가 강렬히 하고 싶고, 이 충동을 해결하지 않으면 감정적 동요가 발생하는 상태가 충동적 갈망이다. 그래서 술 마시는 행위 자체를 알코올의존증이라고 할 수는 없지만, 잠들기 전까지 술을 생각하고 눈을 뜨자마자 다시 술을 찾는 행위는 알코올의존증, 즉 중독이라고 부를 수 있다.

그리고 여기에는 내성도 따라온다. 앞서 중독의 한 요소로 언급한 내성은 이전과 같은 즐거움을 느끼기 위해 계속해서 섭취하는 물질의 양을 늘리지 않으면 안 되는 것을 의미한다. 만약 술을 마시는 행위를 즐기는 사람이 '오늘은 여기까지 마시면 충분해. 이제 그만 마시고 쉬자'라고 생각할 수 있다면 내성이 생긴 것이 아니다. 그런데 똑같이 마시고도 같은 즐거움을 느끼지 못해 자신이 원하는 만족에 도달하기까지 어쩔 수 없이 계속해서 양을 늘리며 술을 마신다면 내성이 있는 중독 상태라고 할 수 있다.

여기서 내성의 가장 특징적인 면 중에 하나는 바로 '수동적' 성향이다. 흔히 알코올의존증 환자들은 술을 너무 마시고 싶은 마음에 능동적으로 술을 마신다고 착각한다. 하지만 바로 이 내성 때문에 오히려 술에 끌려 다니며 수동적으로, 마지못해 술을 마시는 셈이다. 만약 능동적 행위라면 언제든지 스스로 '그만!' 하면서 음주를 멈출 수 있다. 쾌락이 나올 때까지 할 수 없이 마시다 보니 의존증이 생기는 것이다. 그리고 이 수동적 내성에는 또 하나의 중요한 개념이 따라온다. 그것은 바로 '현저성'이다.

당신의 인상을 결정하는 현저성

—

 현저성이라는 단어는 일반적으로 잘 사용하지 않는 낯선 단어다. 영어로는 salience라고 하며 '돌출, 특징, 중요점'이라는 뜻을 가지고 있다. 풀어서 설명하자면 하나의 두드러진 특성이 한 사람의 인상을 만드는 데 결정적인 역할을 하는 현상을 말한다. 우리의 뇌는 외부에서 입력되는 모든 정보를 다 처리하기 어렵기 때문에 지각적으로 특별한 몇몇 자극에만 집중하게 되는 것이다.

 알코올의존증 환자는 평범하게 술을 좋아하는 사람에 비해서 현저성이 높다. 이 개념을 정확하게 이해하기 위해 다음과 같은 상황을 가정해보자. 회사원인 당신은 회식 자리에서 술을 잔뜩 마시고 완전히 취해버렸다. 술을 얼마나 많이 마셨는지 다음 날 속이 부대끼고 머리도 깨질 듯 아프다. 늦잠을 자는 바람에 회사에도 지각하고, 컨디션이 영 좋지 않아 평소의 생활 패턴이 모두 틀어져버리고 말았다. 그저 술을 좋아했던 사람이라면, 이런 곤란한 상황에서 술만 봐도 정이 뚝 떨어지고 '내가 다시 이렇게 술을 마시면 사람이 아니다'라고 생각하기 마련이다. 이것은 술에 대한 현저성이 떨어져 있는 것이다. 반면 알코올의존증 환자는 이렇게 엉망인 상태에서도 술병만 보면 눈이 반짝반짝해지고 다시 술을 마시고 싶어 계속해서 술을 찾는 충동적 갈망이 나타난다.

현저성은 특정한 몇몇 물질에서만 두드러지게 나타난다. 예를 들어, 공부에 대한 현저성은 거의 나타나지 않는다. 전날 죽어라 공부하다 잠든 사람이 아침에 일어나 또 설레는 마음으로 교과서를 마주하기란 쉽지 않다. '공부가 세상에서 제일 재미있다'라고 말하는 사람은 전 세계에 0.1퍼센트도 되지 않을 것이다. 그런데 술이나 마약 같은 물질은 일반적인 대상이나 사물보다 현저성을 크게 높인다.

술이나 마약에 중독된 사람은 술을 마셨을 때 어떤 상태가 되는지와는 상관없이 그 물질이 주는 다행감, 그 물질을 주입했을 때 느끼는 기분 좋음에만 취해 그 결과가 자신에게 미치는 치명적인 영향을 고려하지 못한다. 이러한 현저성은 수동적 내성, 충동적 갈망과도 이어지는 특성이다.

영국의 그림 작가 마틴 핸드포드가 그린 『월리를 찾아라』라는 한 시대를 풍미한 그림책이 있다. 다양한 인물들과 사물들이 빽빽하게 그려져 있는 한 장의 그림 속에서 단 한 명의 월리를 찾는 이 책의 콘셉트가 재미있게도 현저성을 아주 잘 설명해준다. 그림에서는 수백 명의 사람이 비슷한 모자를 쓰고 옷을 입고 있으므로 대부분 쉽게 월리를 찾을 수 없다. 그런데 월리에 대한 현저성이 높은 사람은 그를 아주 쉽게 찾아낸다. 그만큼 본인이 갈망하는 존재에는 집중력이 높아지기 때문이다.

지금까지 중독의 특징이라는 측면에서 충동성, 수동적 내성, 현저성까지 알아봤다. 그렇다면 이제부터는 주제를 바꿔 몰입의 한 가지 특성인 집중력에 대해서 이야기해보도록 하자.

02
집중력을 잃어버린 사회

싫어하는 것을 지속하는 것도 능력이다?
—

"우리 애가 머리는 좋은데 성적은 잘 나오지 않아요."

"우리 애는 집중력이 정말 높아요. 그런데 왜 학교 생활에서 문제가 있을까요?"

나를 찾아오는 부모님 가운데는 이런 말을 하는 분들이 종종 있다. 이 말을 듣고 어떤 점에서 그렇게 생각했는지 물어보면 아이가 어떤 활동을 시작하면 밥도 먹지 않고 6~7시간이나 집중한다고 이야기한다. 그 활동이 무엇인지 구체적으로 물어보면, 레고 블록 맞추기나 만화책 읽기 등 대체로 아이가 좋아하는 활동인 경우가 많다. 이 모습을 본 부모는 이 정도면 집중력이 높은 것 같은데 왜 학교에서는 공부를 안 하는지, 왜 집중력에 문제가 있다고 하는지 이해할 수가 없다는 반응이다.

자, 한번 생각해보자. 이 아이는 정말로 집중력이 높은 걸까? 부모님 말대로 특정 분야의 천재인 걸까? 안타깝지만 의학에서는 이런 학생을 두고 집중력이 높다고 하지 않는다. 다시 말해 좋아하는 일을 오래 하는 것은 집중력과는 무관하다. 오히려 싫어하는 것을 지속할 수 있는 능력, 복잡한 것을 해결하기 위해 오랫동안 고민할 수 있는 능력이 의학적인 측면에서 바라본 집중력에 더 가깝다.

이것을 조금 더 과학적으로 설명하면, 복잡하고 많은 양의 데이터가 머릿속에 들어왔을 때 빠르게 계산할 수 있는 능력을 집중력이라고 이야기한다. 요즘 말로는 쉽게 멀티태스킹(multitasking)이라고도 바꿔 말할 수도 있겠다.

집중력의 높낮이는 독서 하는 모습만 봐도 쉽게 드러난다. 책을 별로 읽지 않는 사람 중에는 집중력이 낮은 사람이 정말 많다. 심하면 글의 세 번째 줄을 읽을 때쯤에 이미 첫 줄에서 읽은 내용을 잊어버릴 정도다. 내가 혹시 그런 사람은 아닌지 다음에 나오는 『까라마조프 씨네 형제들』의 첫 문장을 한번 읽어보자.

"알렉세이 표도로비치 까라마조프는 지금으로부터 정확히 13년 전에 일어난 비극적이고 의문투성이의 죽음으로 인해 한때 상당히 널리 알려진(물론 지금도 우리들에게는 여전히 기억되고 있는) 우리 군의 지주 표도르 빠블로비치 까라마조프의 셋째 아들이었다."

이 글은 한 문장에 불과하지만, 외국 인명이 등장하고 문장 자체가 복잡한 구조로 되어 있어서 집중력이 약한 사람은 이 정도의 글을 이해하는 데도 문제를 겪는다. 이런 문장이 반복되는 글을 읽다 보면 쉽게 지루

함을 느끼고 반 페이지 만에 책을 덮는 사람도 있다. 앞의 대사와 상황이 기억나지 않아 스토리가 이어지지 않기 때문이다.

하지만 집중력이 높은 사람은 다르다. 첫째 줄을 읽으면서 핵심 단어와 상황을 추출해 기억하고, 두 번째 줄을 읽으면 첫 번째 줄에서 추출한 요소를 합쳐서 내용을 파악한다. 다시 세 번째 줄을 읽으면서 살을 붙이는 식으로 스토리와 내용을 유기적으로 이해한다. 이런 능력을 멀티태스킹이라고 이야기한다.

결국 집중력은 자기가 좋아하든 좋아하지 않든 상관없이 복잡한 정보를 빠르게 분석할 수 있는 능력이다. 여기에 충동성은 개입하지 않는다. 자기가 좋아하거나 간단한 것에만 집중하는 행위는 모노태스킹(monotasking)이다. 앞서 말한 레고 블록 맞추기나 밤새 만화책을 읽는 것은 모노태스킹에서 비롯된 충동성에 가깝다.

집중력에는 있지만 충동성에는 없는 것

—

요즘 어린아이부터 어른에 이르기까지 유독 많이 진단받는 정신질환이 하나 있다. 주의력결핍과잉행동장애, 즉 ADHD(Attention Deficit Hyperactivity Disorder)다. ADHD는 충동성이 조절되지 않고 집중력이 떨어지는 것이 주요한 특징이다.

그렇다면 충동성과 집중력은 완전히 다른 개념일까? 아니면 어느 정도 연관된 개념일까? 앞에서 중독의 증상으로 충동성을 언급했는데, 여기에 포함된 충동이란 단어도 어떤 의미인지 살펴본다면 집중력이 낮아지는 원인을 이해하는 데 도움이 될 것이다.

충동을 의미하는 영단어 impulse는 넓은 의미에서 '밑에서 올라오는 무언가를 하고자 하는 에너지원'이다. 정의만 보면 충동성 역시 몰입에 어느 정도는 필요한 요소로 볼지도 모르겠다. 하지만 안타깝게도 이 책에서 말하는 충동성은 몰입보다는 중독과 연관된 굉장히 좁은 범위로, 밑에서부터 끓어오르기는 하지만 방향성도 없고 조절 능력도 부족한 개념이다. 즉, 충동성이 몰입으로 가는 데 반드시 필요한 성질은 아니다.

그렇다면 집중력에는 있지만, 충동성에는 없는 것은 무엇일까? 집중력이 좋은 사람과 충동성에 취약한 사람은 어떤 기준으로 나뉘는 걸까? 바로 결과, 미래, 목표, 성공 유무다. 이 단어들이 무엇을 의미하는지 하나하나 살펴보자.

먼저 결과란 어떤 원인을 끝까지 추적하면서 결국 마지막에 도달하는 과정이다. 여기에는 시작과 끝뿐 아니라 중간에 등장하는 여러 사건들이 유기적으로 이어져야 한다. 단순히 결괏값만 아는 것을 결과라고 하지는 않는다.

미래는 과거와 현재가 자연스럽게 이어지면서 등장하는 그다음 단계다. 과거가 없으면 현재를 정의할 수 없다. 과거, 현재를 선으로 잇는 프로세스가 없으면 미래도 이야기하기 어렵다. 이는 앞서 말한 결과와도 마찬가지다. 원인이 있으면 그다음으로 통하는 길이 있고, 2차, 3차로 이어지는 중간 목표가 계속해서 등장하면서 이 모든 것을 마치 퀘스트를 깨듯 하나씩 해결해나가며 최종 결과에 이르게 된다. 이러한 중간 목표가 없으면 결국 끝까지 갈 수 없다. 그래서 목표는 중간 원인과 중간 목표가 자연스럽게 이음새를 만들어내는 것이다. 결국 성공이란 시작이 되는 어떤 원인이 있고 이 시작이 목표를 향해 중간 점검을 반복하면서 긍정적인 결과로 이어지는 과정이다.

그렇다면 실패란 무엇일까? 중간에 있는 목표가 사라지거나 길을 잃어 완전히 다른 방향으로 가는 것일까? 그렇지 않다. 실패란 다음 단계로 가기 위해 잠깐 멈추거나 시도를 반복하는 목표 달성 과정의 하나로 봐야 한다.

평소 운동을 안 하던 직장인이 멋진 몸을 만들고 싶어서 운동을 시작했다. 목표는 벤치프레스 동작에서 60킬로그램짜리 바벨을 드는 것이다. 그는 이 목표를 달성하기 위해 처음에는 10킬로그램 바벨부터 시작해서 20킬로그램, 30킬로그램으로 점점 더 무게를 늘려나갔다. 이 직장인의 목표가 60킬로그램 바벨 들기이므로

20킬로그램, 30킬로그램 바벨을 드는 것은 목표에 실패한 것일까? 그렇지 않다. 오히려 이와 같은 과정은 60킬로그램짜리 바벨로 가기 위한 중간 목표와 과정이라고 판단해야 옳다.

이와 마찬가지로 인간의 인지 기능에서 진행되고 있는 과정에는 완전한 성공도 없고 실패도 없다. 일의 최종 결과가 사회적 기준에 빗대어 가까울 때는 성공이며 기준에 가깝지 않을 때 실패라고 이야기할 뿐이지 사회적 평가를 다 떼어놓았을 때는 여기서 끝내도 될지, 한 번 더 시도해야 할지 결정하는 과정만이 실패라고 볼 수 있다.

이처럼 충동성에는 몰입에 있는 결과, 미래, 목표, 성공과 같은 긍정적인 결과물이 없으며 그렇기 때문에 파편적인 쾌락과 중독만을 남길 뿐이다.

쾌락을 부정하는 사회

—

누군가 당신에게 이런 질문을 던졌다고 생각해보자.

"지금 즐기고 계신가요? 재미있으세요? 쾌락이 느껴지나요?"

이 질문에 당신은 무엇이라고 답할 것인가?

"네, 쾌락을 느껴요. 너무 재미있어서 엄청나게 신이 난 상태예요"라고 시원하게 이야기할 수 있는 사람은 많지 않을 것이다. 우리 사회에는 쾌락, 즐거움, 재미와 같은 감정을 가볍고 진중하지 않게 여기는 듯한 분위기가 만연하다. 당당하게 '즐기고 있다'라고 말하면 어쩐지 우쭐대며 자만하는 것 같기도 하고 최선을 다해 노력하지 않는 듯한 느낌도 있다. '벼는 익을수록 고개를 숙인다'라는 속담만 봐도 고개를 빳빳이 들고 무언가 당당하고 솔직하게 말하면 안 될 것만 같다. 어려서부터 받은 교육과 사회적 환경 때문인지 쾌락이라는 이야기만 나오면 괜한 죄의식을 느끼기도 한다.

하지만 심리학자나 정신과 의사 들은 쾌락을 중립적으로 보기 위해 오랫동안 많은 노력을 기울이며 연구를 이어왔다. 역사적으로 가장 유명한 심리학자인 지그문트 프로이트(Sigmund Freud)는 인간의 마음을 삼중 구조로 분석했다. 마음의 삼중 구조란 인간의 마음을 초자아(Superego), 자아(Ego), 본능(Id)으로 나누고 각각의 마음이 갖는 무의식적 동기를 파악한 것이다.

먼저 초자아는 '도덕의 원칙'을 추구한다. 사회에서 합의한 규칙과 규범을 따르기 위해 노력하며 이상적인 목표에 따라 살려고 한다. 콩 한쪽도 자신이 먹기보다는 춥고 배고픈 가난한 이웃에게 내어주려는 태도를 보인다. 극한 상황에서 타인을 위해 희생하는 사람들은 이러한 초자아를 발휘한 것이다.

그다음으로 자아는 '현실의 원칙'을 추구한다. 항상 초자아와 본능 사이에서 고민하며 내적 갈등을 조절하기 위해 애쓴다. 자아가 강하면 콩 한 쪽이 생겼을 때 이것을 내가 먹을지 다른 사람과 나눠 먹을지 아니면 버릴지 고민한다. 다른 사람에게 양보하고 싶은 마음도 있지만, 지금 당장 나도 배가 고프기 때문에 어떤 것이 가장 이득이 되는 행위인지 고민하며 이타와 이기 사이에서 계산적으로 행동한다.

마지막으로 가장 아래 위치한 본능인 이드는 '쾌락의 원칙'을 따른다. 세 가지 원칙 가운데 가장 기본적이면서 본성을 따르기 위해 노력한다. 콩 한 쪽이 생겼을 때 지금 내가 배고프다면 내가 먹고, 그렇지 않다면 좋아하는 사람에게 주고 싶은 마음이 본능인 이드이다. 바로 이러한 본능을 결정하는 데 큰 역할을 미치는 것이 바로 쾌락이다.

≫ 본능, 자아, 초자아의 상호작용

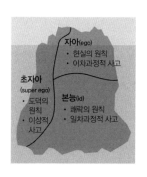

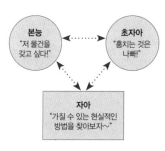

모든 사람은 이처럼 세 가지 마음을 기본으로 가지고 있으며 이 가운데 어떤 요소에 더 많은 통제력을 가지고 있느냐에 따라 겉으로 드러나는 행동이 달라지게 된다.

온전한 몰입을 결정짓는 능동성

—

그렇다면 쾌락의 사전적 의미는 무엇일까? 쾌락은 욕망의 충족에서 비롯되는 유쾌하고 즐거운 감정을 의미한다. 쾌락을 다른 말로 하면 '즐기다'로 바꿔볼 수 있는데, 이 표현은 쾌락에 비해 좀 더 가볍게 사용된다. 즐긴다는 것은 타인에 의해 강제될 수 없으며 스스로 누리거나 맛보면서 좋아하는 마음이 들어 자주 해도 지겹지않은 무언가를 말한다.

이를 가장 적절하게 표현한 사람은 공자다. 『논어』「옹야편」에 등장하는 다음 구절을 살펴보자.

"지지자불여호지자知之者不如好之者

호지자불여락지자好之者不如樂之者."

이 말을 풀어보면 '아는 자는 좋아하는 자만 못하고 좋아하는 자는 즐기는 자만 못하다'라는 의미이다. 공자는 여기에서 즐긴다는 표현을 사용하며 쾌락과는 다른 새로운 해석을 덧붙였다. 그가 말하는 즐거움이란 단순히 좋아하는 것을 넘어서 그 이상의 고차원적인 감정을 추구하는 상태, 즉 능동성이 포함된 상태를 의미한다.

나의 상담실에는 게임이 문제가 돼서 부모님과 함께 방문하는 아이가 많다. 그런 아이들에게 왜 그렇게 게임을 많이 하냐고 물으면 열에 아홉은 '그냥 재미있어서'라고 답한다. 그러면 나는 여기에 한 가지 질문을 또 덧붙인다.

"네가 게임이 그렇게 재미있다고 이야기하는데 선생님이 정말인지 확인해볼게. 게임할 때 스테이지 하나를 끝내면 다음 스테이지가 너무 궁금해서 지금 당장 못 깨면 잠도 못 잘 것 같다는 생각이 얼마나 들어? 지금 눈앞에 있는 몬스터를 기를 쓰고 잡아서 기분이 좋아지고 싶다는 생각은? 밤을 새워서 게임한다고 하면 이런 마음일 때가 몇 시간이나 되는 것 같아?"

그러면 고작 한두 시간이라고 대답하는 경우가 대부분이다. 밤을 새우면서 13~14시간이나 게임을 하지만, 진심으로 간절히 원하고 즐기는 마음으로 게임하는 시간은 반의 반도 되지 않는다는 이야기다. 이것은 온전한 의미의 쾌락이나 몰입이 아니다. 몰입이란 이 상황을 끝냈을 때 다음 단계, 또 그다음 단계의 목표를 달성하면서 결괏값을 얻어내는 것이다. 앞서 이야기한 집중력과 충동성의 차이와도 같은 맥락이다. 완벽한 몰입이 되었다는 이야기는 이 다음에 무언가가 더 필요하고 좋아서 능동적으로 뭔가를 하고 있는 상태가 된다는 것을 의미한다. 그리고 좋은 재미 역시 능동성에서 비롯되어야 한다.

다음으로는 능동성이 무엇인지 조금 더 구체적으로 알아보자.

03
스스로 발견하는
진정한 재미를 찾아서

능동적인 재미에는 이것이 필요하다
—

우리가 일반적으로 생각하는 것과 달리 쾌락의 사전적 의미를 살펴보면 '유쾌하고 즐거움. 또는 그런 느낌'으로, 부정적인 의미는 가지고 있지 않다. 그런데 왜 쾌락이란 말을 들었을 때 많은 사람이 긍정적으로 판단하기보다 건전하지 않고 나쁜 것, 심한 경우 죄의식까지 느끼는 걸까? 그 이유는 대부분의 사람이 이 감정을 스스로 지배하지 않고 무언가에 끌려다니며 수동적으로 느끼고 있기 때문이다.

그러면 어떻게 해야 능동적인 재미를 찾을 수 있을까? 다음 대화를 한번 살펴보자. 실제로 내 상담실을 찾아오는 내담자와의 대화를 재구성한 내용이다.

"지금 같은 중독 상태를 벗어나기 위해서 어떤 노력을 하실 건가요?"
"내일부터는 술 마시지 않고, 열심히 일만 할 겁니다."
"일찍 일어나서 학교에 절대 지각하지 않을 거예요."
"새벽 3시에 일어나서 예습하고 전교 1등 하고 싶어요."

그런데 정말 이대로 실천하는 사람은 손에 꼽는다. 나는 이런 사람들을 속된 말로 '입만 살았다'라고 이야기한다. 행동은 조금도 나아지지 않았으면서 말로만 노력하기 때문이다.

실천하지 않는 미래는 계획이 아니다. 앞에서 예시로 든 내담자들은 그저 눈앞의 곤란한 상황을 잠깐이나마 벗어나기 위해 눈 가리고 아웅 하는 거짓말을 했을 뿐이다. 실천을 고려한 '진짜' 계획이라면 능동적인 태도가 반드시 동반되어야 한다.

실천 없이 입만 살아 있는 수동적인 태도를 가진 사람은 삶을 반쯤 포기한 채 살아가는 폐인이 되는 경우가 많다. 일상생활이 어려울 만큼 극단적으로 삶이 망가진 사람을 뜻하는 폐인은 크게 세 가지 부류로 나뉘는데, 가장 특징적인 성향에 따라 우울한 폐인, 게으른 폐인, 충동적 폐인으로 구분한다.

첫 번째, 우울한 폐인은 계획도 없고 실천도 없는 유형이다. 말 그대로 아무것도 하지 않고, 자신이 빠져 있는 무언가에만 몰두한다. 알코올의존증 환자라면 술, 도박 중독자라면 도박할 돈을 찾는 데만 혈안이 되어 있다. 집에서는 늘 잠만 자고 휴대폰을 들여다보는 등 생산적인 일은 전혀 하지 않으면서 심하면 가족과 불화를 일으키기도 한다. 이런 사람에게는 미래의 계획을 물어보는 일이 무용지물이다. 스스로 아무런 답을 내리지 못한 채 모든 것을 포기하고 살아가기 때문이다.

두 번째, 게으른 폐인은 계획만 있고, 실천이 없는 유형이다. 앞에서 말한 '입만 산' 사람들이 여기에 해당한다. 이들에게는 나름의 계획은 있다. "내년에 검정고시에 통과해서 내후년에 대학에 갈 거예요", "병원에 입원해서 알코올의존증을 치료받고 퇴소하면 제대로 된 직장을 얻을 거예요" 이런 말은 하지만 스스로 공부할 수 있는 환경을 만들거나 입원 치료를 받는 등 적극적인 노력은 하지 않는다.

마지막으로 충동성 폐인은 계획은 없이 실천만 있는 유형이다. 세 가지 폐인 유형 가운데 가장 특징적이며 한편으로는 신기한 부류다. 이들이 사는 방식을 들여다보면 앞의 두 부류와는 달리 자신의 인생을 완전히 포기하지는 않은 것처럼 보인다. 비록 단기 아르바이트지만 계속해서 일하면서 돈을 벌고 어엿한 사회인으로서 생활하고 있다. 하지만 이렇게 번 돈을 장기 계획 없이 모두 써버리고, 또다시 단기로 취업해 돈을 벌고 다 쓰는 행위를 반복하며 비전 없이 살아간다. 이런 유형 역시 폐인의 한 부류로 분류된다.

그렇다면 이 세 가지 폐인은 과연 현 상황에서 벗어

나 장기적으로 인간다운 삶을 누리게 될 수 있을까? 다음 장에서 구체적으로 이들 유형을 살펴보며 혹 나의 가족, 또는 주변 사람 중에 비슷한 사람은 없는지 한번 살펴보자.

① 우울한 폐인에서 탈출하기

—

우울 타입은 말 그대로 우울감을 많이 느낀다. 깨어 있는 시간 중 대부분을 자신이 관심 있는 행위에만 몰입하며 지내는데, 그 행위에서 실제로 재미를 느끼는 때는 아주 짧은 시간에 불과하다. 그 외의 시간에 특정 행위에 몰두하는 이유는 현실을 잊는 데 집중하기 위해서일 뿐이다. 앞서 게임 과몰입인 청소년에게 게임에서 승부욕을 느끼는 순간이 어느 정도인지를 물었을 때와 유사한 상황이다. 자신이 몰두하는 어떤 행위를 하지 않을 때는 마치 동물처럼 거의 침대에 누워 있거나 배가 고프면 손에 집히는 대로 아무 음식이나 찾아 먹는 식으로 기본적인 욕구만을 추구한다.

이런 행위를 이해하려면 우울증의 정신 역동을 먼저 파악해야 한다. 사람은 정도의 차이는 있지만, 누구나 나의 바깥에 관심사를 두고 있다. 그 관심의 벡터를 밖으로 던져서 어딘가에 튕겨 나에게 피드백이 돌아오면 그에 맞는 다음 행동을 궁리해 반응한다. 예를 들어, 현재 나의 관심사가 공부라면 가장 효과적으로 공부해서 성적을 올릴 수 있는 방법을 찾아가게 된다. 그리고 그 결과로 실제 점수가 올라가고 등급이 상승했다면, 이 학생은 긍정적인 피드백에 더욱 자극을 받아 이후에도 열심히 공부하며 계속해서 성적이 상승하는 선순환을 이어갈 수 있다. 이것이 관심의 벡터가 밖으로 향했을 때 목표가 긍정적으로 진행되는 프로세스다.

그런데 그와 반대인 상황을 가정해보자. 위의 학생과 마찬가지로 어떤 학생이 공부에 뜻을 두고 열심히 공부했다. 그런데 안타깝게도 그다음 시험에서 30명 중에 29등에 그치고 말았다. 이 학생은 실망하지만, 한 번 더 열심히 노력했다. 그랬더니 그다음에는 전교 300명 중에 299등을 했다. 이런 부정적인 피드백이 반복된다면, 누구라도 외부로 향해 있던 관심사를 거두고 더 이상 노력하지 않게 될 가능성이 크다. 이렇게 방향을 잃은 관심사는 다시 내 안으로 돌아오는데, 이미 실패한 상황에서 돌아온 벡터는 긍정적일 수가 없다. 이 학생은 결국 '나는 실패자', '한심한 사람', '무능력한 인간'이라고 스스로를 여기게 될 것이다.

이처럼 밖으로 향하던 관심의 벡터가 긍정적인 피드백을 받지 못하고 자신에게 돌아와 부정적인 내면을 만들어내는 것이 바로 우울한 폐인으로 향하는 과정이다. 이런 유형의 사람들과 이야기를 나누다 보면 상당히 허무하고 염세적인 태도를 보이는 경우가 많다. 이들은 입버릇처럼 '어차피 해도 안 된다', '나는 뭐든 안 되는 사람이다'라는 말을 달고 산다.

그렇다면 우울 타입에서 벗어나려면 어떻게 해야 할까? 이럴 때는 아주 작더라도 성공 경험을 쌓아가도록 돕는 것이 중요하다. 여기에서 주변 사람이 해줄 수 있는 가장 중요한 피드백이 바로 칭찬이다. 집에서 잠만 자고, 게임만 해서 아무것도 칭찬해줄 게 없는 것 같은 상황이더라도 어제보다 30분 덜 잔 것, 하루에 밥을 한 끼라도 제대로 챙겨 먹은 것처럼 아주 사소한 일상을 칭찬해주는 일부터 시작해야 한다. 그러면서 점점 더 큰 성취에 대해 칭찬해주는 경험을 반복하다 보면 우울 타입의 사람도 의기소침한 상태에서 빠져나올 수 있게 된다.

② 게으른 폐인에서 탈출하기

게으른 폐인에 속한 사람은 의외로 머리가 좋은 경우가 많다. 이들은 화려한 언변으로 부모나 보호자를 속여야 하기 때문에 상대방이 깜빡 속아 넘어갈 정도로 치밀한 계획을 세우고 이를 유창하게 설명한다. 게으름 때문에 이 계획이 실패하더라도 그럴듯한 핑곗거리를 들어야 하므로 머릿속으로는 끊임없이 많은 생각을 하고 있다. 이들은 오늘 이 계획을 실천하지 못한 이유만을 끝없이 상상하기 때문에 다음 날, 또 그다음 날에도

삶은 그대로지만 그럼에도 상대방을 어떻게든 속일 수 있다.

그래서 게으른 폐인은 모든 핑곗거리가 사라질 때까지 마냥 기다려주기만 해서는 안 된다. 이들이 피폐한 일상에서 탈출할 수 있도록 도와주는 방법은 시스템을 만들어주는 것이다. 본인이 실천하면 편해지고, 실천하지 않으면 불편해지는 시스템을 만들어주어야 한다. 예를 들어, 하루에 14시간씩 게임하는 아이가 있다고 가정해보자. 이 아이의 가장 큰 문제는 일상이 철저하게 무너져 있다는 것이다. 일상 회복을 위해서는 가장 기본적인 생활, 즉 규칙적으로 밥을 먹고, 공부하고, 잠 자는 루틴을 만들어주고, 게임은 그 외의 시간에만 하도록 해야 한다. 아이가 게임 과몰입에 빠지면 대부분의 부모는 아이가 밥이라도 챙겨 먹도록 억지로 밥상에 붙들어두기보다는 방문 앞에 밥을 놓아두고 밥을 먹는지 아닌지 지켜보는 경우가 있는데 안타깝게도 이 방법은 게으름 타입을 점점 더 심각한 상황으로 내모는 가장 나쁜 지름길이다.

그렇다면 이런 상황에서는 어떻게 해야 할까? 식사 시간을 정해두고 아이가 방 밖으로 나와서 밥을 먹도록 유도해야 한다. 아침 7시 반, 오후 12시 반, 저녁 6시 반에 식탁에 밥을 차려두고 나오지 않으면 모두 치워 식사 기회를 박탈하고, 혹 이때를 피해 손쉽게 끼니를 때울 수 있는 라면, 즉석밥, 레토르트 식품 같은 것이 있다면 모두 버려야 한다. 게으름 타입은 스스로 밥을 지어먹는 불편함까지 초래되어야 귀찮음을 감수하고 제시간에 가족과 함께 밥을 먹는 최소한의 인간다운 루틴이 가능해진다.

게으름 타입의 문제를 해결하기 위해서는 이처럼 사소한 것부터 시작해서 모든 시스템을 일일이 만들어주어야 한다. 가족 혹은 보호자가 인내심을 가지고 끈기 있게 이끌어주어야 하며 중간에 실패하더라도 포기해서는 안 된다. 혹 아이가 이를 제대로 실천하지 못한 것에 대해 핑계를 댄다면 이에 대응하는 매뉴얼도 만드는 것이 좋다. 매뉴얼의 핵심은 모든 핑곗거리에 일일이 대꾸하지 말고 처음 설정한 규칙대로 우직하게 밀고나가는 것이다. 절대 예외를 두어서는 안 되며, 규칙을 만든 보호자 역시 이를 그대로 따르면서 가정의 루틴으로 자리잡도록 함께 노력하는 것이 중요하다.

③ 충동성 폐인에서 탈출하기

—

충동성 폐인의 가장 큰 특징은 방향성이 없다는 것이다. 마음의 방향이 어디로 튈지 모르기 때문에 그에 대한 대책을 마련하는 것이 앞의 두 유형보다 훨씬 더 어렵다. 주변에서는 당사자가 일이든 학업이든 무언가를 계속하고 있기 때문에 그래도 인간다운 삶을 위한 희망이 있다고 착각하기 쉽지만, 깊게 들여다보면 전혀 그렇지 않다. 이들은 그때그때 드는 감정에 휘둘려 행동할 뿐 미래를 위한 계획은 아무것도 세우지 않기 때문에 시련이 닥치면 더욱 큰 절망에 빠질 확률이 크다.

따라서 충동성 타입에게는 청소년 시절부터 삶의 방향성을 같이 의논할 만한 멘토가 필요하다. 더러 멘토를 찾기 어렵다며 곤란함을 호소하는 사람도 있지만, 사실 이러한 멘토는 조금만 둘러보면 대부분 존재한다. 가장 대표적인 예가 바로 부모님이다. 부모님은 아이가 청소년기에 이르면 사소한 잔소리에도 방문을 걸어 잠그고 짜증을 내기 일쑤라 문제 행동이 나타난 초반부터 아이를 변화시킬 의지를 상실해버리고 마는데, 이럴 때는 행동 변화보다는 감정적 멘토링을 주는 것만으로도 충분하다.

멘토링을 할 때는 꼭 많은 말을 하지 않아도 괜찮다. 감정적으로 상대방의 마음에 공감하고 있다는 시그널을 주는 것이 무엇보다 중요하다. 괜히 어떤 문제를 해결하려 하지도, 뭔가 해주려 하지도 않아야 한다. 학교에서 친구들과 다투고 온 아이가 방으로 들어가면서 방문을 쾅 닫을 때, "어디서 버릇없이 화풀이하는 거야? 당장 나와서 사과하지 못해?"라고 부정적으로 피드백하기보다는 아이가 혼자만의 시간을 충분히 보내고 감정이 어느 정도 정리되었을 때, "누가 너를 그렇게 화나게 했어?"라는 짧은 멘트를 던지는 것만으로도 아이는 위안을 얻을 수 있다. 여기에 2절, 3절에 돌림노래까지 붙여가며 과하게 반응하는 것은 오히려 역효과를 불러일으킬 수 있으므로 자제하는 것이 좋다. 마지막으로 아이의 마음이 지쳐 있을 때 늘 곁에서 응원하며 지지해주는 사람이 있다는 믿음을 심어준다면 더할 나위 없는 완벽한 멘토링이 될 수 있다.

아이가 성장하면서 청소년기로 갈수록 부모는 더 많은 말을 해주려고 한다. 하지만 머릿속으로 생각한 말을 실제로 뱉을 때는 10분의 1, 나아가 100분의 1로 줄여야 한다. 예를 들어, 아이가 편식을 심하게 하더라도 "밥 잘 먹어"라는 한마디로 머릿속에 떠오르는 모든 생각을 잠재워보면 어떨까. "공부할 때는 뭐든 잘 챙겨 먹어야 머리가 잘 돌아가는 법이야. 미네랄이 부족하면 뇌세포가 활성화되지 않고 집중력도 흐트러지고……"와 같이 군더더기가 많은 말은 불필요하다. 이런 과도한 잔소리는 오히려 아이의 마음에 반항심만 지필 수 있다. 아무리 좋은 미사여구를 덧붙여도 충동성이 강한 청소년기에는 조언이 잘 들리지 않는다.

이처럼 자신을 응원해주는 한마디와 많은 말을 하지 않아도 옆에 있어주는 지지 행위가 충동성 타입에게는 미래를 계획해야 하는 이유이자 열심히 살아야 하는 원동력이 될 수 있다. 이것만으로도 청소년기 아이에게는 충분히 좋은 멘토의 역할이 될 수 있다.

04
안정과 불안의 롤러코스터

15초짜리 집중력을 권하는 사회
—

'숏폼(Short-Form)'이라는 말을 들어본 적이 있는가? 숏폼이란 10초에서 10분까지 짧은 시간으로 편집된 영상을 의미하는데, 대부분은 1분을 넘기지 않을 정도로 단시간에 끝난다. 10대에게 가장 인기가 많은 소셜 플랫폼인 '틱톡(TicToc)'은 바로 이러한 숏폼을 기반으로 하고 있으며, 최근에는 유튜브 쇼츠나 인스타그램 릴스 등 다른 소셜 플랫폼에서도 숏폼의 비중을 점차 늘리고 있다.

이러한 숏폼 콘텐츠는 특히 10~20대의 젊은 층에서 인기가 높다. 폭발적인 인기에는 사용자의 이용 시간과 관심사를 분석해 원하는 콘텐츠를 자동으로 추천하는 소위 '알고리즘' 방식이 한몫했다. 이 시스템에 길들여지면, 사용자는 자신도 모르는 새에 짧게는 10분에서 길게는 몇 시간까지 의식하지 못한 채로 스마트폰을 손에서 놓지 못하고 영상을 시청하며 의미 없이 시간을 흘려보내기도 한다.

게임도 마찬가지다. 과거의 PC 게임은 몇 시간 동안 집중해서 퀘스트를 깨거나 방대한 스토리를 다루는 방식의 롤플레잉 게임이 유행이었지만, 요즘에는 10~15분만에 결과가 나오는 게임이 훨씬 인기가 높다. 드라마의 편당 길이도 점차 짧아지고 있으며 이마저도 OTT가 영상 시청 플랫폼의 대세가 되면서 배속을 설정해 조금이라도 더 빨리 보려는 사람이 많아졌다. 짧고 강렬하며 빠르게 콘텐츠를 소비하는 행태가 보편화된 것이다.

이렇게 짧은 콘텐츠를 접할 때는 여러 번 시청하는

반복성이 생긴다. 완벽하게 똑같은 것을 반복하는 것이 아니라 약간씩 변형된 형태로 비슷한 영상을 계속해서 시청하는 것이다. 요즘 유행하는 '○○ 챌린지'가 대표적인 유형인데, 노래의 특정 파트를 여러 사람이 따라 춤추는 장면을 반복해 보면서도 시청자들은 지루해하지 않는다. 챌린지는 이제 하나의 트렌드로 자리 잡았을 정도다.

이러한 인간의 성향은 이미 오래전부터 발현된 유구한 특징이다. 다만 이는 고차원적인 행위라기보다는 본능에 가깝다고 볼 수 있다. 태어난 지 얼마 되지 않은 신생아에게 딸랑이를 반복해서 흔들어주는 것을 본 적이 있는가? 아기들은 딸랑이를 흔들어줄 때는 관심을 보이며 까르르 웃고 재미있어하다가 그 소리가 멈추면 웃음을 뚝 그치고 의아한 표정을 짓는다. 또다시 눈앞에서 딸랑이를 흔들어주면 즐거워하고, 멈추면 웃음도 함께 멈춘다.

물론 성인 역시 이러한 반복과 변형을 반복한 놀이에서 재미를 느낀다. 놀이공원에서 흔히 볼 수 있는 롤러

코스터도 이런 인간의 성향을 반영한 놀이기구다. 탑승자는 롤러코스터가 위로 올라갈 때는 언제 떨어질지 모른다는 불안감이 극대화되고, 떨어질 때는 짜릿한 자극을 느끼는데, 이 행위를 여러 번 반복하다 보면 재미가 더욱 배가된다. 느려짐과 떨어짐의 반복, 그리고 그 사이에 예측하지 못하는 변형을 통해 재미를 만들어내는 것이다.

따라서 숏폼 콘텐츠 역시 반복되는 짧은 형식에서 오는 재미, 그리고 그 안에서 다양한 콘텐츠가 변주되면 만들어지는 재미가 혼합되어 젊은 층에서 큰 인기를 끌게 되었다.

어쩔 수 없이 게임에 빠졌다는 착각

게임 과몰입에 빠진 청소년 가운데는 부모가 아이에 대해 잘못된 착각을 하는 경우가 종종 있다. 가장 대표적인 착각은 '우리 아이의 인정 욕구가 너무 강해서 게임 과몰입이 되었다는 것'이다. 인정 욕구가 강한 아이가 학교에서는 공부를 잘 못해서 제대로 인정받지 못하다 보니 게임으로라도 칭찬받고 싶은 욕심에 게임을 시작했다는 오해다.

인정 욕구는 인간의 생존에 꼭 필요한 심리적 욕구다. 심리학 분야에서 인간의 욕구에 대해 분석한 가장 대표적인 기준인 매슬로의 5단계 욕구 이론에서는 이것이 4단계인 존중 욕구에 놓인다고 보았다. 즉, 인정 욕구란 자신이 가치 있는 존재임을 타인으로부터 확인하고 싶어하는 마음인 셈이다. 인정 욕구는 본능으로, 이런 마음이 없다면 인간은 성장을 멈추고 현실에 안주하게 된다.

하지만 지나친 인정 욕구는 오히려 성장에 방해가 된다. 인간은 자라면서 특정 발달 시기에 필요한 인정 욕구를 발휘하는데, 이때 이것을 제대로 충족해주지 못하면 더 이상 발달하기를 포기하고 그 시기에 고착화된다.

프로이트는 인간이 구강기, 항문기, 남근기, 잠재기, 생식기의 5단계를 거치며 성격을 발달시킨다고 보았다.

그중 생후 21개월까지인 첫 번째 시기 구강기에는 젖을 빨거나 깨물고 무언인가를 핥는 데서 즐거움을 느끼며, 자기의 입에 모든 관심을 쏟고 있으므로 음식이나 모유 수유에서 안정감을 얻는다. 그런데 이때 그 욕구가 충족되지 않으면 3세, 5세가 되어도 다음 단계인 항문기로 넘어가지 못하고 구강기에 집착하게 된다. 어느 정도 자란 유아가 젖을 떼지 못하거나 손가락을 빠는 행위를 하는 이유가 바로 그 때문이다. 따라서 인정 욕구는 때에 따라 만족시켜주는 것이 바람직하다.

인정 욕구, 문제는 방향성이다
—

그렇다면 실제로 게임에 빠진 아이들의 심리 상태는 어떨까? 부모가 말하는 것처럼 인정 욕구를 충족하기 위해 게임을 시작한 것일까? 상담실에 찾아온 아이에게 진짜 잘하고 싶은 게 무엇인지 물어보면 아이러니하게도 '공부를 잘하고 싶다'라는 대답이 많이 나온다.

부모는 아이가 게임을 많이 해서 공부를 못하게 되었다고 이야기하지만, 실제 인과관계를 따져보면 그와는 달리 공부가 안 돼서 게임으로 옮겨간 경우가 대부분이다. 즉, 인정 욕구의 강도가 아니라 방향성이 문제가 되는 것이다.

당연한 말이지만, 한 반에 있는 아이들 모두가 1등을 할 수는 없다. 평소에 28등을 하는 아이라면 열심히 노력해서 27등으로 한 단계 올라갔을 때라도 성취에 대해 칭찬해줘야 하는데, 많은 부모가 이 정도 결과에는 만족하지 못한다. 상대적으로 보지 않고 절대적인 눈으로 자녀가 못했다고 생각해 노골적으로 실망감을 드러내기도 한다.

인정 욕구에 대한 방향성은 과거나 미래가 아닌 현재, 지금부터 아이가 무엇으로 인정받아야 하는지 설정해주는 것에서부터 시작해야 한다. 아이가 공부를 잘하길 원한다면 나름대로 노력해서 아주 사소한 성공이라도 이뤄냈을 때 충분히 칭찬해주어야 인정 욕구가 충족된다.

이는 성인도 마찬가지다. 인정 욕구를 채우기 위해서는 본인이 정말로 원하는 욕구가 무엇인지 먼저 파악해야 한다. 그리고 그 분야에서 작은 성취라도 이루기 위해 노력하면서 점차 더 큰 욕구로 나아가는 것이 중요하다.

정신분석학에 따르면 이러한 인정 욕구는 엄마와 아이의 관계에서 시작된다. 영국의 소아과의사이자 아동 정신분석의 대가인 도널드 위니컷(Donald Winnicott)은 이를 '충분히 좋은 어머니(Good Enough Mother)'라는 용어로 표현했다. 아이가 요구하거나 바라는 게 많을 때, 엄마가 이를 얼마만큼 만족시켜줄 수 있는지로 '충분히 좋은 어머니'인지 아닌지를 판단할 수 있다는 의미다. 이는 경제적인 지원이나 물질적인 풍요만을 뜻하지 않으며 그보다는 감정적인 충족, 즉 최선을 다해 아이에게 편안함과 위안을 제공하는 부모인지 아닌지를 표현하는 개념이다.

'충분히 좋은 어머니'는 아이와의 애착 관계가 굉장히 돈독하며 이런 어머니 밑에서 자란 아이는 성장한 후에도 공부, 운동, 혹은 사회에서 인정받는 욕구의 강도를 스스로 조절할 수 있다. 따라서 현재 중독이나 과몰입에 빠져 있는 아이는 부모와의 관계, 특히 엄마와의 관계가 틀어진 경우를 상당히 많이 볼 수 있다.

결국 중독이 아니라 몰입으로 가기 위해서는 결과를 예측하고, 미래를 고려해 목표를 세우며, 중간 과정을 차근차근 밟아 성공에 이르는 경험을 반복해야 한다. 또한 좋은 재미를 찾기 위해서는 무언가에 끌려다니지 않고 스스로 즐거움을 느끼는 능동성이 필요하며, 이를 위해서는 계획과 실천이 따라와야 한다. 마지막으로 반복과 변형은 안정과 불안의 반복이라는 사실을 깨닫고 삶을 안정적으로 움직이기 위해 노력하는 것이 필요하다.

사람이라면 살면서 불안을 조금도 느끼지 않을 수는 없다. 그러므로 인정 욕구의 방향을 올바로 설정해 과거와 미래가 아닌 현실에 발을 딛고 자기실현을 할 수 있어야 한다. 이 모든 것이 잘 이루어진다면, 잘못된 중독이 아니라 바른 몰입으로 천천히 향하면서 끝끝내 원하는 삶에 도달할 수 있을 것이다.

2부

나를 물들게 하지 않는
뇌 사용법

■

뇌는 복잡한 것을 좋아할까, 간단한 것을 좋아할까?

뇌는 반복되지만 약간의 변형이 포함된 것을 가장 좋아한다.

즉, 뇌는 복잡한 것을 별로 좋아하지 않는다.

01
지성의 우물, 전두엽

마약은 우리의 뇌를 어떻게 망가뜨리는가
—

최근 우리나라에서는 마약 문제가 심각한 사회 문제로 대두되고 있다. 뉴스에는 연일 연예인들의 마약 투약소식이 전해지며, 마약을 이용한 범죄도 하루가 다르게 증가하고 있다. 과거에는 연예인, 재벌과 같은 소수의 상류층에서만 마약 문제가 불거졌지만, 이제는 평범한 직장인, 주부, 대학생, 고등학생에 이르기까지 누구나 인터넷으로 손쉽게 마약을 구할 수 있는 환경이 되었다. 불과 5년 사이에 마약 사범이 두 배 이상 늘었다는 언론 보도까지 나올 정도다. 이에 따라 우리나라에 불법으로 흘러들어오는 마약의 양도 기하급수적으로 늘어나 정부가 마약 문제에 적극적으로 대처해야 한다는 여론이 형성되고 있다.

미국에서는 이미 1990년대 후반부터 2000년대 초까지 마약성 진통제가 오남용되면서 사회적으로 마약 문제에 대한 경각심이 높아졌다. 미 정부는 마약 문제를 해결하기 위해 천문학적인 금액을 뇌 연구에 투자하기 시작했다. 마약을 흡입한 다음에 일어나는 뇌의 변화를 연구해야 마약 중독을 막을 수 있는 근거가 마련된다는 생각에서 뇌 과학에 집중한 것이다.

마약은 아주 강력하면서도 대표적인 중독 물질로 중독의 세 가지 특징인 갈망, 내성, 금단증상이라는 프로세스를 그대로 따른다. 미국에서는 마약 중독을 연구하는 과정에서 뇌의 움직임을 볼 수 있는 자기공명장치(MRI, Magnetic Resonance Imaging), 양전자 방사 단층 촬영법(PET, Positron Emission Tomography)과 같은 검사 도구도 다수 개발되었다.

다행히 정부 주도하에 이루어진 집중적인 투자 덕분에 중독과 관련한 뇌의 작용에 대한 연구 결과가 대거 발표되었다. 특히 뇌가 중독 상태일 때 어느 부위가 활성화되며 몰입과 집중력을 어떻게 방해하는지, 충동성은 왜 강화되는지 등을 눈으로 확인할 수 있게 되었다. 이와 함께 뇌의 기능에 대한 궁금증도 점차 해소되기 시작했다.

하지만 과도한 해석으로 모든 중독 현상을 마약과 같은 선상에 둘 수는 없다. 어떤 학자는 마약과 게임을 똑같은 중독 문제로 놓고, 게임을 하면 전두엽이 파괴된다고까지 주장했다. 게임에 빠진 것이 마약 중독 환자와 비슷하게 취급받아야 하는지, 아니면 마약과 게임은 다른 것인지, 또 이들을 사용할 때 뇌와 행동의 작용은 어떻게 다른지 알아보는 것은 중독과 몰입을 구분하는 또 하나의 좋은 방법이다.

인간을 인간답게 만들어주는 전두엽

    중독 연구에서 가장 비중 있게 다뤄진 뇌 부위는 전두엽이다. 전두엽을 설명하기 전에 간단하게 뇌의 구조를 살펴보며 각각의 부위가 어떤 역할을 담당하고 있는지 알아보자.

    뇌는 크게 전뇌, 소뇌, 뇌간으로 나눠지며 그중에서 가장 큰 면적을 차지하는 전뇌는 다시 대뇌와 간뇌로 나뉜다. 대뇌는 두개골이 감싸고 있는 부분으로 전두엽, 두정엽, 측두엽, 후두엽과 같은 여러 개의 엽으로 이루어져 있으며 감각, 지각, 운동 능력, 언어 능력, 자율신경 조절, 호르몬 조절, 항상성 유지 등의 기능을 수행한다.

    그중에서 뇌과학자들이 가장 관심 있게 연구한 부위는 바로 전두엽이다. 이곳이 인간의 고등 정신 작용에 관여하기 때문이다. 고등 정신 작용에는 감정, 기억력, 사고력, 추리력, 계획력, 운동 능력, 문제 해결 능력 등이 포함된다. 전두엽에서 조금 더 앞쪽에는 전전두엽이 위치하는데 이곳은 특이하게 인간에게만 존재하는 부위다.

전전두엽과 전두엽이 연결되는 지점은 눈 바로 위에 있는 안와전두엽, 앞 이마 부분에 위치한 배측전두엽으로 나눠져 있다. 이 부분은 이 책에서 중요하게 다뤄지는 충동성, 몰입, 집중력에 가장 많이 관여한다. 안와전두엽은 어떤 일이 발생했을 때 계속해서 진행하는 것에 관심이 있는 부위다. 그래서 일을 실행할 때는 안와전두엽이 활성화된다. 반면 배측전두엽은 어떤 일을 억제하고 멈추게 하는 역할을 담당한다. 즉, 안와전두엽과 배측전두엽이 '고(Go)'와 '스톱(Stop)'을 담당하며 균형을

>> 인간 뇌의 구조

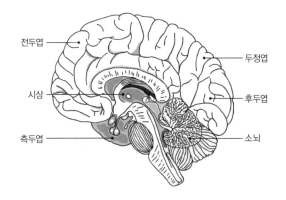

전두엽

두정엽

시상

후두엽

측두엽

소뇌

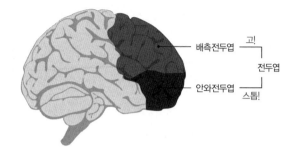

이루는데, 이 둘이 어떻게 조화되느냐에 따라 충동성이 강한 사람이 되는지 집중력이 강한 사람이 되는지가 결정된다.

다음 그림을 보면서 좀 더 쉽게 이해해보자.

뇌에서 배측전두엽은 그림의 상단 부분이다. 그리고 안와전두엽은 바로 그 아래에 위치한다. 사람이 외부 자극을 받으면 바로 이 부분이 활성화된다. 예를 들어, 게임을 시작하면 안와전두엽이 계속해서 재미를 느끼고 싶은 마음에 게임을 멈추지 못하도록 명령을 내린다. 그런데 게임을 하다 보니 문득 다음 날 제출해야 할 숙제가 걱정되기 시작한다. 그럴 때는 배측전두엽이 활성화되면서 게임을 그만하고 숙제를 해야 한다는 명령을 내린다. 이때 위에 위치한 배측전두엽이 안와전두엽을 누르면서 멈춤 신호를 보내는데, 실제로 배측전두엽이 크기도 더 크기 때문에 충동성을 조절하도록 더 강력한 신호를 보내는 것이다.

당신을 속이는 안와전두엽

자, 그렇다면 집중력은 이 중에서 어느 부위와 관련이 있을까? 무언가에 몰입하도록 만드는 것이므로 안와전두엽이 관장한다고 생각하기 쉽지만, 이것은 여러분이 안와전두엽에 속아 넘어간 것이다. 무슨 의미인지 다음과 같은 행동을 예시로 파악해보자.

당신이 책상 위에 놓인 사과를 왼쪽에서 오른쪽으로 옮긴다고 상상해보자. 이때 가장 먼저 필요한 움직임은 사과를 집는 것이다. 그리고 사과를 들어올린 다음 왼쪽에서 오른쪽으로 움직여 다시 내려놓아야 한다. 집기,

들기, 놓기 이 세 가지 과정이 자연스럽게 연결되도록 유도하는 것은 안와전두엽이다.

하지만 마치 연속으로 이뤄진 것 같은 이 행위에서 중간중간 동작을 멈추고 다음으로 이동하도록 돕는 것은 배측전두엽이다. 집는 동작을 끊고, 또다시 드는 동작을 끊어야 세 가지 동작이 유기적으로 이어진다. 이 조합이 잘 어우러져야만 사과를 집어 왼쪽에서 오른쪽으로 옮기는 작업이 완벽하게 완성된다.

그런데 만약 배측전두엽이 잘못되어 안와전두엽만 활성화되어 있다면 어떨까? 사과를 집는 데는 성공했지만 집는 동작만 계속해서 이어지기 때문에 드는 것은 할 수 없다. 또 사과를 드는 데 성공했더라도 멈추지 못하고 계속해서 위로만 움직이기 때문에 다시 바닥에 내려놓는 것은 실패하게 된다. 이것은 배측전두엽이 활성화되지 않았을 때 발생할 수 있는 문제점이다.

이러한 뇌의 오류가 행동이 아니라 생각에서 발현되면 불안한 감정이 증폭된다. 예를 들어, 횡단보도를 빨간 신호에 건넜다고 해보자. 그러면 마음속으로 '교통경

찰이 주변에 있는 것 아닐까? 감시카메라로 내가 무단 횡단한 모습을 보지 않았을까?' 하고 걱정하기 시작한다. 이때 불안한 마음을 잠재우기 위해서는 배측전두엽이 활성화되어야 하는데, 그렇지 않으면 '벌금을 물지도 모른다'거나 '경찰이 쫓아올지도 모른다'는 생각이 끊임없이 이어지면서 불안한 마음을 키워간다. 이때는 배측전두엽이 '아니야. 아무도 못 봤으니까 걱정하지 않아도 돼' 하면서 불안감을 잠재워주어야 생각의 흐름이 끊긴다.

이처럼 배측전두엽과 안와전두엽의 조화는 우리의 생각과 행동이 이상적으로 움직이도록 돕는 기본적이면서 핵심적인 과정이다. 무언가에 얽매이지 않은 채 멈추고 싶을 때 멈추고, 움직이고 싶을 때 움직이도록 만들어준다.

그렇다면 여기에서 집중력과 관련된 부위는 어디일까? 바로 배측전두엽이다. 앞서 1부에서 집중력을 설명할 때, 좋아하는 것을 계속하는 것은 집중력과는 무관하다고 이야기했다. 진짜 집중력이란 싫더라도 하지 않으면 안 되기 때문에 계속할 수 있는 힘이다. 좋아하는 것을 계속하게 만드는 힘은 안와전두엽에서 비롯되는 반면 싫어하는 것도 계속해서 할 수 있게 해주는 힘은 배측전두엽에서 생겨난다. 싫어하는 정보가 끊임없이 들어와도 빠르게 처리할 수 있는 능력을 가지고 있는 것이 집중력이며, 이는 배측전두엽만이 할 수 있다.

그래서 어떤 일이나 상황을 얼마만큼 잘 통제하며 나아갈 때와 멈출 때를 파악하는 것은 배측전두엽의 능력에 달려 있다. 중독이 아니라 몰입으로 가는 힘은 바로 여기에서 시작된다.

02
프로게이머와 페인 사이,
그리고 도파민

도파민에 관한 오래된 오해
—

몰입을 설명할 때면 많은 사람이 떠올리는 단어가 하나 있다. 바로 도파민이다. '도파민이 너무 많이 분비되어 힘들다'거나 '도파민이 부족해 재미가 없다'는 식으로 이야기하는 경우도 자주 보게 된다. 하지만 도파민이 무엇인지 설명해보라고 하면 제대로 말할 수 있는 사람은 손에 꼽는다.

도파민은 신경전달물질의 하나로 중뇌 부위의 흑

질(Substaintia Nigra)이라는 곳에서 생성되는데, 인간의 고위 기능을 담당하는 전두엽은 도파민을 에너지로 사용해 뇌 기능을 활성화한다. 신경전달물질(neurotransmitter)이란 이처럼 뇌를 활성화해주는 에너지원을 말하며 종류에 따라 다양한 기능을 수행한다. 인간의 신경(neuron)과 신경 사이에는 미세한 틈의 시냅스(synapse)가 존재하고 이 틈을 통해 정보를 전달하는 것이 바로 신경전달물질이다. 이러한 신경전달물질 덕분에 우리는 감정을 느끼고 행동할 수 있다.

신경전달물질은 노르아드레날린, 세로토닌, 히스타민, 도파민 등을 비롯해 지금까지 약 100여 종이 발견되었는데, 그중에서 중독 혹은 몰입과 관련된 것으로 잘 알려진 신경전달물질이 바로 도파민이다. 도파민은 생산된 후에 선조체라고 하는 부위에 저장되어 있다가 뇌가 자극받을 만한 어떤 활동을 수행할 때 분비된다. 도파민은 많다고 해서 좋은 것도, 적다고 해서 나쁜 것도 아니다. 신경전달물질은 일정량이 유지되면서 적절하게 분비되는 것이 가장 좋다.

마약이 문제가 되는 이유가 바로 여기에 있다. 마약을 복용하면 도파민이 과잉 분비되는데 정상 수준에서 조금 높은 정도가 아니라 10배, 심할 경우에는 100배 이상 분비되면서 뇌의 기능을 마비한다. 그 결과 마약 흡입 상태에서 환각, 환시, 환청, 환촉과 같은 감각 이상을 경험하게 되는 것이다. 이처럼 심각한 증상은 과거 정신분열증이라고도 불렸던 조현병 환자에게서 나타나는 상태와 유사하다.

이런 증상이 심각해지면 망상에도 이른다. 도파민 과분비 상태에서 나타나는 망상은 현실에서 일어나기 어려운 비합리적인 상황일 때가 많다. 정부 기관에서 나의 일거수일투족을 감시한다고 믿거나 누군가 나의 머릿속을 조종해 이상한 지령을 수행하게 한다거나 본인이 역사적인 인물의 환생으로 위대한 일을 하고 있다고 믿는 등 비현실적인 과대망상이다.

이런 연장선에서 게임은 조금 억울한 측면이 있다. 런던 유니버시티 칼리지 퀸스퀘어 신경학연구소의 신경학 교수인 마티아스 콥(Matthias Koepp)은 1998년 게임과 도파민의 상관관계를 연구했다. 이 연구에서는 피실험자에게 아주 간단한 아케이드 게임을 실행하도록 요구하고 이 과정에서 도파민 레벨을 측정했다. 그 결과, 선조체에서 도파민 분비가 증가한다는 것이 발견되었다. 그는 이 결과를 『네이처』지에 보고했다. 콥 교수는 이 논문에서 도파민 분비가 좋다 나쁘다의 도덕적 가치판단을 포함하지 않은 중립적 결과를 있는 그대로 발표했다. 그런데 이 결과가 몇몇 학자들에 의해 과잉되고 증폭되어 '게임이 도파민 분비를 증가시켜 마약과 같은 효과를 일으킨다'라는 것이 기정사실화되어 게임에 관한 부정적 인식이 퍼지게 된 것이다.

여기에서 더 나아가 지금으로부터 약 20년 전인 2002년, 일본의 모리 아키오라는 교수는 『게임뇌의 공포』라는 책에서 '게임을 즐길 때 사람의 뇌가 치매 환자의 뇌와 비슷하게 변하며 인간의 인성과 지성을 담당하는 전두엽의 기능을 저하시킨다'라고 주장하며 이런 뇌를 가리켜 '짐승뇌(게임뇌)'라는 극단적 표현을 사용하기도 했다. 이 '짐승뇌' 연구는 단 두 명의 표본 검사만으로 진행되어 그 신빙성이 현저히 낮음에도 자극적인 단어와 당시 게임에 대한 부정적인 인식이 깔린 사회 분위기에 힘입어 일파만파 퍼져나갔다.

다행히 이 이론은 이후 수많은 학자의 연구에서 이와 상반되는 결과가 도출되면서 지금은 거의 폐기되었다. 그렇다면 도파민은 게임처럼 놀이와 관련된 일을 할 때만 분비되는 것일까? 그렇지 않다. 공부나 운동처럼 생산적인 활동이라고 여겨지는 일을 할 때도 도파민이 분비된다. 하지만 공부를 많이 하는 사람에게 도파민 과분비로 인한 증상이 나타날 수 있으므로 공부를 제발 그만하라고 말하는 사람은 없다. 이는 우리가 도파민에 관해 여전히 잘 모르고 있다는 현실을 단적으로 보여주는 사례다.

그렇다면 도파민이 무엇이고, 이를 분비하는 선조체는 무엇인지, 그리고 이 둘의 관계는 어떻게 되는지 더 자세히 살펴보자.

게임은 마약이 아니다

—

선조체에서 도파민이 과분비되면 이를 조절해주는 전두엽이 에너지를 많이 받으면서 기능이 더욱 강화된다. 따라서 일의 수행 능력과 인지 기능, 그리고 집중력을 높이기 위해서는 도파민이 반드시 분비되어야 한다. 하지만 도파민이 적정선을 넘어 과도하게 분비되면 앞서 말한 것처럼 마약 중독, 심하게는 조현병과 유사하게 심각한 증상을 초래할 수 있다. 따라서 일상적으로 건강한 삶을 유지하려면 도파민은 필요한 만큼 적정량만 분비되어야 한다.

조금 더 쉬운 이해를 위해 이 내용을 자동차에 비유해보자. 자동차는 엔진 출력량에 따라 기능이 천차만별로 달라진다. 고출력 엔진을 장착하면 열 소비율이 높아지고 이를 잘 수용한 자동차는 순식간에 더 빠른 속도로 나갈 수 있다. 하지만 출력이 높은 엔진을 단다고 해서 기계의 효율이 무조건 높아지는 것은 아니다. 오토바이에 트럭 엔진을 달면 그 힘을 견디지 못하고 폭발하거나 너무 빠르게 튀어나가 자칫 큰 사고로 이어질 수도 있다.

충동 조절의 핵심은 전두엽의 기능 한계치다. 도파민이 적은 양만 증가해도 이를 조절하는 전두엽의 기능이 빈약하면 결국 충동을 이기지 못하게 된다는 것이다. 즉, 게임은 마약이나 조현병처럼 어마무시한 양의 도파민을 분출시키진 않지만, 그 정도만으로도 전두엽이 약한 사람은 쉽게 충동에 휩싸이며 통제를 잃어버릴 수 있다. 이것이 게임 문제를 가진 사람들의 공통적인 특징이다. 이를 그림으로 표현해보면 다음과 같다.

이 그림은 왼쪽부터 어린이, 청소년, 어른의 전두엽

>> 어린이와 어른의 전두엽과 선조체 발달

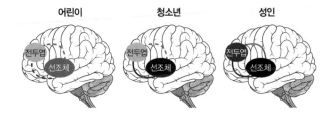

어린이   청소년   성인

과 선조체의 상관관계를 보여주고 있다. 어린이의 뇌는 전두엽과 선조체가 둘 다 미발달한 상태다. 그러다가 청소년 시기가 되면 선조체가 전두엽의 발달을 앞서가면서 전두엽의 조절 기능이 둔화된다. 이런 시기를 모두 거치고 성인이 되면 마침내 전두엽이 성숙해지면서 완성되어 선조체를 조절할 수 있게 된다. 전두엽과 선조체의 발달 과정이 소위 말하는 '중2병', 즉 사춘기이자 질풍노도의 시기를 설명해주고 있는 것이다.

다시 말해 인간은 청소년 시기에 도파민을 스스로 조절할 만한 능력을 아직 갖고 있지 않다. 그렇기 때문에 사소한 사건이나 갈등만으로도 감정 조절이 어려워지면서 기분이 나빠지고, 또 반대로 아주 작은 좋은 일만 생겨도 뛸 듯이 기뻐하기도 한다. 이때가 선조체에서 분출되는 도파민이 뇌에서 가장 활발한 역할을 하는 시기인 셈이다. 그러다 성인이 되면 두 영역이 모두 성숙해지고 서로 영향을 주고받으면서 감정을 조절할 수 있게 된다. 이것이 우리가 청소년기를 미성숙한 시기라고 이야기하는 이유다.

게임 폐인이 절대 프로게이머가 될 수 없는 이유

하지만 청소년기를 넘어 성인이 되었는데도 여전히 충동 혹은 중독 성향이 잘 조절되지 않는 사람들이 있다. 이런 사람들은 성인기의 뇌가 보존에 대한 취약성을 가지고 있는 것이다. 이런 중독의 뇌를 가지고 있는 사람은 도파민을 과활성화하는 물질을 되도록 접하지 않는 것이 좋다.

이와 관련해 2013년에 다음과 같은 연구를 진행한 적이 있다. 당시 게임 과몰입이 심각한 사회 문제로 비중 있게 떠오르면서 이를 알코올의존증과 같은 질병으로 분류하고 치료 방법을 연구해야 한다는 논의가 등장하기 시작했는데, 이 실험은 과연 게임 과몰입을 질병으로 진단할 수 있는지를 본격적으로 파헤쳤다. 이를 위해 비교군으로 알코올의존과 게임 과몰입, 그리고 게임 과몰입과 프로게이머의 뇌를 분석했다.

게임 과몰입자와 프로게이머가 동일하게 14시간씩 게임을 한다고 가정했을 때, 두 사람의 뇌는 과연 어떻게 다르게 움직였을까? 게임 활동 자체가 중독 물질이라면 이를 실행했을 때 뇌는 같은 반응을 나타내야 한다. 하지만 놀랍게도 같은 시간, 같은 게임을 진행했음에도 결과는 확연히 달랐다. 프로게이머의 뇌는 전두엽 부위가 두꺼워지며 활성화되었지만, 게임 과몰입자의 뇌는 선조체 부위가 두꺼워지며 활성화되었다. 즉, 게임 과몰입자의 뇌는 마치 청소년기의 뇌처럼 선조체에서 도파민 분비가 크게 늘어나지만 이를 조절할 만한 전두엽의 기능은 비활성화되어 상황을 이성적으로 지배하지 못하고 자기조절 능력을 상실하는 모습을 보였다. 이로써 게임은 얼마나 하느냐가 아니라 이를 어떻게 이용하는가 하는 문제와 연관된다는 것이 밝혀졌다.

그다음 후속 연구로 게임 고등학교에 재학 중인 학생들과 게임 과몰입자의 뇌를 비교하는 실험을 실시했다. 우리나라에는 프로게이머를 전문적으로 양성하는 학과가 몇 곳의 고등학교에 설치되어 있다. 이곳에 입학하면 게임과 관련한 특성화 교육도 받지만, 일반 고등학교와 마찬가지로 정규 과목에 따른 교육과정을 거치게 된다. 다만 이를 게임과 연관한 방식으로 교육한다는 것이 일반 고등학교와 다른 점이다.

이 고등학교에 다니는 아이들과 게임 과몰입자의 뇌는 어떻게 다를까? 평소 게임에 쓰는 시간은 당연히 게임 고등학교 재학생들이 훨씬 많았다. 이 학생들은 학교에서도, 집에서도 의무적으로 일정 시간 이상 게임을 해야 하기 때문이다. 반면 게임 과몰입자들은 자신의 의지에 따라 매일 평균 열 시간 이상 게임을 했는데, 여기에서도 마찬가지로 이 두 비교군의 뇌 활동은 확연히 다르게 나타났다. 게임 고등학교 재학생들의 뇌를 단층 촬영한 결과, 졸업할 무렵에 배측전두엽이 안와전두엽보다 훨씬 더 활성화된 상태라는 것이 밝혀졌다.

결국 게임 자체가 중독 물질이자 문제라는 이야기는 낭설이었던 셈이다. 앞의 두 실험은 게임 시간을 어떻게 체계적으로 관리해주고 이용하도록 지도하는지에 따라 게임을 대하는 뇌의 상태 역시 달라질 수 있음을 보여준 흥미로운 실험이었다.

가속하는 뇌, 감속하는 뇌
—

물론 과거에 비해 게임에 대한 인식이 긍정적으로 바뀐 것은 사실이다. 그 변화에는 프로게이머라는 직업의 등장이 결정적이었다. 특히 우리나라 선수들은 e-스포츠 시장에서 오래전부터 두각을 나타내며 게임 이미지를 바꾸는 데 기여했다. 최근에는 2023 리그오브레전드 월드 챔피언십, 소위 롤드컵에서 '페이커'라는 인기 선수를 보유하고 있는 T1팀이 우승하며 우리나라가 e-스포츠의 강자임을 다시 한번 증명했다.

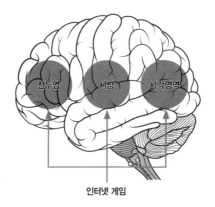

전두엽　시상　시각영역

인터넷 게임

그렇다면 프로게이머가 되기 위해서는 얼마만큼의 경쟁을 뚫어야 할까? 적어도 두터운 팬 층을 보유한 유명 게이머가 되려면 고등학교 3학년 학생이 재수하지 않고 한 번에 의과대학이나 서울 법대에 들어가는 것만큼의 실력을 갖추고 경쟁에서 이겨야 한다. 지역 예선을 거쳐 본선에 진출하고, 이후 프로 리그에 입단해 데뷔할 때까지 그 안에서 끊임없이 경쟁하며 최종 선발되어야 하기 때문이다. 그러고 나서도 경기에 출전해 순위권에 들기란 하늘의 별 따기일 정도로 어렵다. 쉽게 비교하자면 아이돌로 데뷔하기 위해 연습생으로 생활하는 10대를 떠올려보면 된다. 그 정도로 성공한 프로게이머가 된다는 것은 쉬운 일이 아니다.

게임 과몰입으로 오는 외래 아이들 중에는 종종 프로게이머를 장래희망으로 말하는 경우가 있다. 그런 아이들 몇 명을 프로게임단에 데려가서 연습생과 경기를 붙여봤다. 상대는 정식 프로게이머가 아니라 연습생이었으므로 실력이 완성된 단계는 아니어서 세 게임 가운데 단 한 게임이라도 이기면 부모님을 설득해 진로를 바꿔주겠다고 이야기했지만, 지금까지 어느 누구도 이 내기에서 이기고 프로게이머가 되지는 못했다. 게임을 대하는 뇌의 태도부터 다르므로 이기는 것이 애초에 불가능하기 때문이다.

다음 그림을 보자. 이것이 앞서 말한 뇌의 활동을 잘 설명해주는 그림이다. 프로게이머는 선조체에서 안와전두엽 쪽으로 오는 정보가 어느 정도 제한되어 있다. 그래서 배측전두엽은 자극이 과해지지 않도록 막아주는데, 게임 과몰입자 같은 경우에는 선조체에서 분비되는

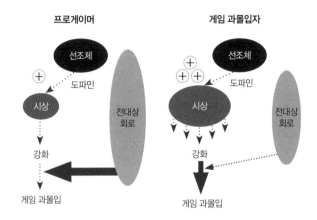

프로게이머

게임 과몰입자

선조체

선조체

＋
도파민

＋
＋

도파민

시상

시상

전대상
회로

전대상
회로

강화

강화

게임 과몰입

게임 과몰입

도파민을 전두엽이 막아주지 못한다.

결론적으로 말하자면 '도파민은 중독자를 만든다'는 말이 완전히 틀린 이야기는 아니다. 모든 신경전달물질이 그렇듯 도파민은 빈도나 양적인 면에서 적절하게 분비될 때에만 일상생활의 퍼포먼스를 효율적으로 향상시킨다. 그런 의미에서 마약이나 술은 도파민을 과도하게 분비시켜 일상을 파괴하는 중독 물질이 틀림없다.

다만 게임은 이런 물질과는 다르다. 연구 결과에서 보듯이 도파민을 빈도나 양적인 면에서 극적으로 증가시키지 않기 때문이다. 그래서 의학적인 입장에서 볼 때, 게임 중독이라는 말은 적절하지 않다. 또한 적절한 도파민의 분비는 중독이 아닌 퍼포먼스의 향상과 관련이 있기에 청소년 시기에 목적에 따라 게임 시간을 적절히 조절한다면 건전한 게임 사용자로 남을 수 있고, 이를 과도하게 방치했을 때에만 게임 폐인으로 향하게 되는 것이다.

03

뇌는 복잡한 것을 좋아할까,
간단한 것을 좋아할까?

뇌는 생각하기를 귀찮아한다

—

우리의 뇌가 쾌락을 느낄 때 도파민이 생성된다면 과연 뇌는 복잡한 것을 좋아할까, 간단한 것을 좋아할까? 뇌에는 수많은 정보가 담겨 있고, 인간은 여타 동물과 달리 고도의 지능을 가진 동물이므로 얼핏 복잡한 문제를 더 좋아할 것처럼 생각할지도 모르겠다. 사실 이 문제에 대한 답은 1부에서도 잠깐 등장했다. 답은 '뇌는 반복되지만 약간의 변형이 포함된 것을 가장 좋아한다'

이다. 결론적으로 뇌는 복잡한 것을 별로 좋아하지 않는다.

뇌는 복잡한 일에 부딪히면 금방 지친다. 공부나 일은 한 시간만 몰입해서 해도 피로가 몰려오고 힘들지만, 게임은 열 시간을 넘게 해도 지루하게 느껴지지 않는다. 밤을 새면서 드라마를 보는 행위도 마찬가지다. 뇌는 소위 머리를 쓸 필요가 없는 단순한 활동이지만, 조금씩 변주되면서 다른 자극을 받는 것을 아주 좋아한다.

이때는 앞서 이야기한 현저성이 높아진다. 청소년부터 20대까지 젊은 층이 밈, 게임, 앱과 같이 반복되는 랜덤 알고리즘에 변형된 형태로 계속 노출되는데도 불구하고 지루해하지 않고 항상 재미를 느끼는 이유가 바로 그것이다. 한 번 이런 자극에 노출이 되면 자꾸만 비슷한 것을 찾을 수밖에 없고 뇌는 복잡한 일을 점점 하고 싶어하지 않게 된다.

문제는 바로 여기에 있다. 단순한 일에 빠진 뇌는 발전할까, 도태할까? 그렇지 않아도 복잡한 것을 싫어하는 뇌는 이 상태에 만족하고 멈춰 있을 확률이 매우 높다. 그래서 몰입하는 뇌를 만들기 위해서는 뇌에 어려운 문제를 주면서 자꾸 괴롭혀야 한다. 이것이 바로 두뇌 트레이닝이다.

운동선수들은 거의 하루도 빠짐없이 연습을 한다. 아무리 실력이 뛰어난 선수라고 하더라도 훈련을 게을리하지 않는다. 오히려 잘하는 선수일수록 연습에 더욱 매진한다. 3점 슛 성공률이 30퍼센트인 선수는 확률을 35퍼센트, 40퍼센트, 더 나아가 100퍼센트로 만들기 위해 3점 슛을 수백, 수천 번 연습한다. 이때 선수가 매번 똑같은 방법으로만 열심히 연습한다면 35퍼센트까지밖에 도달할 수 없다. 이 선수는 반복만을 실력 향상 방법으로 선택한 것이다. 하지만 코치에게 피드백을 받고, 새로운 방법을 받아들이는 데 주저하지 않으며 더 열심히 연습하는 선수는 40퍼센트, 45퍼센트, 그 이상까지도 발전한다. 이것이 뇌를 괴롭히는 진정한 방법이다.

음악가도 마찬가지다. 오늘보다 더 나은 내일의 기량을 만들기 위해서는 하루도 빠짐없이 연습하지 않으면 안 된다. 우리는 90세가 넘어도 매일 몇 시간씩 악기를 연습하거나 그림을 그린다는 노 예술가의 이야기를 심심치 않게 듣는다. 이는 뇌가 점점 더 발전하기 위해서는 끊임없이 신선한 자극을 주어야 한다는 사실을 그들이 누구보다도 잘 알고 있기 때문이다.

중독과 몰입을 가르는 자극 추구

충동성과 뇌에 관한 논의에서 가장 많이 나오는 이야기 중에 하나는 자극 추구(Novelty Seeking)다. 이는 인간의 기본적인 성향으로, 새롭고 자극적인 것을 계속해서 찾는 기질을 의미한다. 미국의 정신의학자이자 워싱턴대학교 교수인 클로닌저(C. R. Cloninger)가 개발한 기질 및 성격 검사(TCI, Temperament and Character Inventory)에서 처음 언급된 '자극 추구'는 흔히 새로움을 추구하는 특징을 보인다. 자극 추구가 높은 사람은 충동, 호기심, 탐색, 흥분 등의 기질이 강해서 새로운 자극을 받았을 때 곧바로 행동하는 경향이 높다. 그래서 새로운 일, 재밌는 일을 하는 데 주저함이 없으며 본능이나 직감을 많이 따른다는 특성이 있다. 이런 사람은 모험, 도전 등을 좋아한다.

자극 추구는 도덕적으로 옳고 그름을 따지는 가치 판단의 문제가 아니다. 따라서 높다고 좋은 것도, 낮다고 나쁜 것도 아니다. 그저 사람에 따라 자극 추구 성향이 높을 수도 있고, 낮을 수도 있는 중립적인 개념으로 봐야 한다.

이런 상황은 마트의 과자 코너에 갔을 때로 비유해볼 수 있다. 한 진열장에 새우 과자가 일렬로 놓여져 있고, 나는 그중에 하나를 고를 예정이다. 이때 가장 유명하고 오래된 새우 과자를 고른 사람은 자극 추구 성향이 낮은 편이다. 반면 이번에 새로 나온 신상품을 고르는 사람은 자극 추구 성향이 높은 편일 가능성이 크다. 호기심이 많고 신상품을 봤을 때 어떤 맛인지 궁금해하며 두려움 없이 선택한다는 것은 신선한 자극에 대해 불쾌함보다 즐거움을 느낀다는 의미이기 때문이다. 물론 극단적인 예로 생각할 수도 있지만, 일상에서 사소한 선택을 하는 행위만 봐도 자극 추구가 높은 사람과 낮은 사람은 구분된다는 뜻이다.

이런 자극 추구 성향은 개인별로 구별되기도 하지만, 한 사람이 유아기, 청소년기, 장년기를 거치는 발달 과정에 따라 달라지기도 한다. 이 과정에서 자극 추구가 가장 높은 시기는 바로 청소년기와 청년기 때이며 이후에는 점점 줄어들게 마련이다. 청소년기에 높은 이상을 갖고 큰 꿈을 꾸며 어른들이 보기에는 허황한 장래희망을 생각하는 것도 바로 그런 이유에서다.

이런 특징 역시 도파민, 충동성, 집중력과 관련이 있다. 따라서 청소년기 때는 자극 추구가 높고 도파민이 많이 분비되며 충동성과 집중력이 높지만, 한편으로는 충동성이 지나치게 높아서 집중력이 낮다고 보일 수도 있다. 이를 긍정적인 방향으로 이용한다면 아이들이 자신의 관심사에 충분히 몰입하며 좋은 결과를 낼 수 있지만, 잘 다스리지 못하고 부정적인 방향으로 이용한다면 잘못된 길로 빠질 수도 있다.

나의 뇌와 잘 지내는 법

—

앞서 말한 것처럼 복잡한 일은 뇌를 지치게 한다. 복잡하다는 것은 정보의 양이 많다는 의미이므로 뇌는 이를 처리하기 위해 회전 속도를 점점 빠르게 하고 한 번에 들어오고 나가는 정보의 양도 늘려야 하므로 용량도 키우게 된다.

하지만 안타깝게도 뇌가 가진 용량에는 한계가 있다. 뇌는 일정한 속도와 용량에 따라 운용되는 기관이므로 뇌에 너무 복잡한 작업을 계속해서 처리하도록 명령하면 금세 지치기 마련이다. 컴퓨터로 단순한 문서 프로그램을 하나만 돌릴 때는 컴퓨터가 정상적으로 작동하면서 아무런 문제가 없지만, 높은 수준의 그래픽이 필요한 복잡한 프로그램을 여러 개 돌릴 때는 많은 열이 발생하며 과부하가 걸리는 것과 마찬가지다.

그렇다면 도파민 분비가 늘어나고 충동성이 강해지는 청소년기의 상황을 생각해보자. 요즘 중고등학생들은 아침 7시에 집을 나서서 학교를 마친 후 온갖 학원을 전전하다 밤 11시가 되어야 귀가하는 경우가 많다. 공부 난이도는 또 어떤가. 과거에는 학원에 다니더라도 학교에서 배우는 내용을 예복습하는 수준으로 어느 정도 일정한 레벨을 맞췄지만 요즘은 다르다. 빠르면 초등학교 6학년 때부터 고등학교 입시를 준비하는 선행학습을 시작하며 중학생이 미적분을 배우는 경우도 다반사다.

이 모든 행위는 전두엽에 과부하를 일으키는 잘못된 공부 방식이다. 컴퓨터 하드웨어를 뜨겁게 달구면서 점점 컴퓨터의 속도를 느리게 하는 것과 마찬가지이기 때문이다. 이때 뇌는 더 위험한 상황이 되지 않도록 뜨거워진 머리를 스스로 식히려고 노력한다. 즉, 반대로 단순한 일을 찾게 되는 것이다. 대표적으로 꼽히는 활동들이 바로 게임이나 동영상 시청과 같은 일이다.

자신의 학창 시절을 한번 돌이켜보자. 언제 게임이 가장 재미있었을까? 아마도 시험 공부를 하다가 잠깐 짬을 내서 했을 때가 아니었을까? 열심히 공부하다가 새벽 1시가 되었을 때, '게임 한 판만 하고 잘까?'라는 생각이 드는 이유는 뜨거워진 전두엽을 식히기 위한 일종의 본능적인 행위였던 셈이다. 문제는 이런 상태에서 게임을 시작하면 한 판으로 그만둘 수 없다는 것이다. 과부화된 전두엽을 식히려다가 오히려 불태워버리는 일이 자주 일어나는데, 그렇기 때문에 애초에 뇌에 과부화를 주지 않는 것이 역효과를 불러일으키지 않는 현명한 방법이 될 수 있다.

뇌 용량의 한계를 넘어 멀티태스킹으로

그렇다면 뇌는 성인이 되기 전까지 계속해서 발달하며 크기가 점점 커지는 것일까? 그러다 몸과 마찬가지로 특정 나이가 되면 더 이상 자라지 않고 발달을 멈추는 것일까? 뇌는 독특하게도 몸과는 성장 과정이 조금 다르다. 계속해서 쭉 크다가 멈추고 그 상태를 유지하는 게 아니라 어느 정도 시기가 되면 다시 작아진다. 정확하게 말하면 처음에는 실속 없이 몸집을 불리다가 6세 이후로 경제 논리에 맞춰 쓸모없는 뇌세포를 슬슬 정리하며 효율화를 추구하는 것이다.

따라서 뇌가 가장 활발하게 성장하는 3세에서 6세까지 어떤 자극을 받느냐는 굉장히 중요하다. 가끔 나에게 아이와 어떤 활동을 하는 게 좋고, 하지 않는 게 좋은지 묻는 부모가 있다. 나는 이런 질문을 받으면 아이의 정서상 나쁜 것이 아니라면 대체로 모든 것을 경험하게 해 주라고 이야기한다. 무엇을 좋아하게 되고 얼마만큼 받아들일지는 아이의 몫이다. 아이에게 아무런 자극을 주지 않는 것보다는 다양한 자극을 주며 그중에 선택하게 하는 것이 훨씬 좋다.

그러다 나중에 나이가 들어 그 기억이나 경험이 쓸모없다고 판단하면 뇌는 알아서 그 기억을 지워버린다. 청소년 시기인 13세에서 16세가 되면 실속 작업, 즉 가지치기(pruning) 작업이 최고조에 이르게 된다. 가지치기의 특징은 자신이 계속해서 많이 접하는 활동은 잘하게끔 길을 열어놓고, 더 이상 자극받지 않는 활동들은 정리해버린다는 점이다.

이 시기는 대부분의 사람이 가장 많은 학습을 경험

하는 시기이기도 하다. 다양한 외부 자극을 장려하는 청소년 교육은 뇌 발달에서 매우 중요하다. 단순히 책상에 앉아 연필과 공책으로 끄적이며 암기하는 것이 아니라 몸도 사용하고, 창의력도 계발하며, 지성과 감성을 동시에 발달시킬 수 있는 새로운 자극과 경험이 많을수록 뇌 발달에 큰 도움이 되는 것이다.

이 가지치기는 평소에 자주 하던 일에 더 큰 가치를 부여하고 그 일이 빨리 진행되도록 전용 도로인 기본 상태회로(default module)를 많이 건설한다. 이렇게 뇌의 작업이 활발해지는 시기에 현저성이 가장 높아지므로 현저성을 자극하는 인터넷 매체들이 청소년들 사이에서 인기를 끌 수밖에 없다.

다음 장 위의 그림은 청소년기에 일어나는 가지치기를 잘 보여주고 있다. 가장 왼쪽은 인간이 막 태어났을 때의 뇌세포 분포를 보여준다. 이렇게 듬성듬성하게 분포되어 있던 뇌세포는 6세가 되면 몸집을 크게 불린다. 그것이 가운데 그림이다. 그러다 14세가 되면 오히려 뇌세포가 줄어드는 흐름을 나타낸다. 이처럼 가지치기로

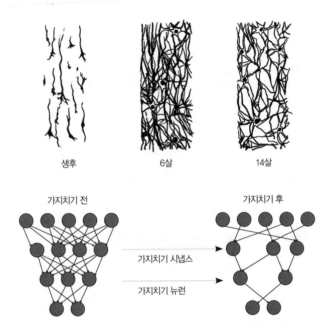

생후   6살   14살

가지치기 전   가지치기 후

가지치기 시냅스

가지치기 뉴런

불필요한 뇌세포를 정리했다는 것을 한눈에 볼 수 있다.

아래 그림은 가지치기 전의 뇌 구조와 가지치기 후의 뇌 구조를 비교해서 보여주고 있다. 이렇게 뇌 구조가 단순해지면, 뇌에서 일을 처리하는 속도는 매우 빨라진다. 이는 마치 도로가 복잡하게 얽혀 있다가 깔끔하게 정리된 후에 교통 흐름이 원활해지는 것과 마찬가지다.

이를 다른 말로 하면 현저성이 높아졌다는 의미다. 일을 처리할 때 위에서 아래로 하나씩 내려오면서 경우의 수가 점점 줄어드는데, 이는 선택과 집중을 통해 효율적으로 일을 처리할 수 있게 되었다는 뜻이다. 같은 일을 여러 차례 반복할수록 이 구조는 점점 더 단순해진다. 배팅 연습을 1,000번 한 사람은 100번 한 사람에 비해 가지치기가 효과적으로 이루어져 경기 중에 결정하는 속도가 빨라지게 된다. 골프선수들이 순간적인 판단으로 가장 효과적인 퍼팅을 할 수 있는 이유가 여기에 있다.

이때 오해하지 말아야 할 점은 나이가 들수록 뇌의 구조가 단순해진다는 것이 머리가 나빠진다는 의미는 아니라는 점이다. 흔히 가장 활발하게 공부할 시기인 청소년기, 그 직후인 청년기를 지나면 사람의 기억력이 나빠지고 머리가 잘 돌아가지 않게 된다고 이야기하지만 그것은 뇌과학의 관점에서 사실이 아니다.

나이가 들면서 뇌는 간단해지는 것이 아니라 통합적으로 변한다. 다시 말해 20세 무렵이 되었을 때 불필요한 데이터를 정리하면서 효율성을 최적화한 상태가 된다. 20세 전후까지 인생의 전반부에는 뇌를 빌드업하며 몸집을 불리고 자료를 축적하지만, 이를 정리하면서 이전과는 달리 통합적 사고로 자신에게 익숙하고 강점이 있는 일들을 주로 담당하게 되는 것이다.

'통합적 사고'란 좋거나 나쁘다 가운데 하나만 선택해야 하는 흑백논리가 아니라 좋은 것과 나쁜 것이 같이 존재할 수 있는 양면성을 의미한다. 나이가 든 노련한 뇌는 어떤 일이 벌어질 때 긍정적인 결과와 부정적인 결과를 동시에 고려한다. 그래서 무조건적인 자극 추구 또는 무조건적인 회피를 택하지 않고 자극 추구를 하면서 동시에 위험한 것은 피하는 방식으로 미래를 예측하고 현재의 이득을 고려하는 멀티태스킹이 가능한 뇌로 바뀌는 것이다.

따라서 나이가 들며 기억력이 나빠진다고 슬퍼할 필요는 없다. 우리의 뇌는 오히려 더 정확하고 효율적이 되었을 뿐 퇴화한 것은 아니기 때문이다.

04
다시, 집중력

집중력이 높은 사람은 작업 기억력이 좋다
—

결국 몰입하는 뇌를 이야기하기 위해서는 다시 집중력을 이야기할 수밖에 없다. 이 장에서는 마지막으로 작업 기억 혹은 작동 기억이라고 하는 워킹 메모리 (Working Memory)에 관해 이야기하며 뇌 사용법에 관한 주제를 마무리하려고 한다.

인간의 기억력은 크게 감각 기억, 단기 기억, 작업 기억, 장기 기억 등으로 나눠진다. 감각 기억(Sensory

Memory)은 감각 기관을 통해서 들어온 정보가 몇 초 정도로 아주 짧은 시간만 남아 있는 기억이며, 이때 들어온 정보 가운데 뇌는 불필요한 기억은 지우고 필요에 따른 특정 정보만 남겨 단기 기억(Short-term Memory)과 작업 기억에 저장한다. 그리고 또다시 그중에서도 아주 일부만이 뇌에 오랫동안 남아 장기 기억(Long-term Memory)으로 전환된다.

작업 기억은 정보를 일시적으로 유지하며 이해, 학습, 판단 등 각종 인지적 과정을 계획하고 수행하는 작업장으로서 기능하는 인지 시스템이다. 작업 기억은 정보를 유지하고 처리하는 능력이기 때문에 학습 효과를 높이는 데 핵심적인 역할을 담당한다. 이 작업 기억을 주로 담당하는 부위 역시 전두엽이며, 이는 뇌 역량의 부하와 밀접한 관련이 있다.

작업 기억에서 다루는 정보는 우리가 하는 대부분의 활동과 연관된다. 학습뿐 아니라 업무, 감정, 스트레스, 스트레스 해소 등이 모두 포함된다. 따라서 과도한 학습과 일, 스트레스 등은 작업 기억 능력에 무리를 주고 전두엽의 과부하를 일으킨다. 과부하가 발생된 전두엽은 멀티태스킹에서 한계를 맞닥뜨리게 된다.

회사에서 한 사람이 처리할 수 없는 어마어마한 양의 업무가 주어졌을 때 어떤 상황이 벌어지는지 알고 있는가? 처음에는 어떻게든 모두 처리하기 위해 전전긍긍하며 애를 쓰지만, 한계 상황에 도달하면 더 이상 무엇도 할 수 없는 상태가 되어 나 몰라라 하며 모든 것을 내팽개치게 된다. 아이를 키우는 부모도 마찬가지다. 아이와 갈등 상황이 생겨 문제가 쌓여나갈 때 처음에는 이를 해결하기 위해 대화도 시도하고 화도 내보지만 한계에 이르면 문제를 해결할 의지를 잃어버리고 아이에게 알아서 하라며 소리를 지르고 포기하게 된다. 이때가 바로 전두엽에 한계가 와서 멀티태스킹이 과부화된 상태를 의미한다.

당신의 뇌를 최적화하는 법

—

이렇게 직장, 학교, 집에서 과도한 작업으로 인해 스트레스가 누적되거나 가족 혹은 친구들과의 관계에 문제가 생겼을 때, 잔뜩 예민해진 전두엽은 스트레스 상황에서 벗어나 머리를 식힐 수 있는 일을 찾게 된다. 뇌의 기능을 거의 사용하지 않아도 되는 동영상 시청, 게임, 인터넷 서치 등 노력 없이 할 수 있는 일을 찾아 정보량을 줄이기 위해 애를 쓴다. 따라서 바쁠 때 아무 생각 없이 휴대폰을 들여다보거나 게임하는 내 모습을 너무 한심하게 생각할 필요는 없다. 지금 뇌는 열을 식히기 위해 최선을 다하고 있으므로 오히려 고마운 마음으로 관대하게 생각하는 태도가 필요하다.

다만 이런 상황이 계속되면 정상적인 생활이 파괴되고 일상의 과도한 로딩을 다시 경험하는 것이 두려워질 수 있다. 효과적인 작업 기능 능력을 일정하게 유지하기 위해서는 일상생활에서 갈등과 일을 분리하는 것이 가장 좋고, 그렇게 할 수 없는 상황이라면 갈등 상황을 최

>> 싱글태스크 러닝과 멀티태스크 러닝 작동 원리

싱글태스크 러닝

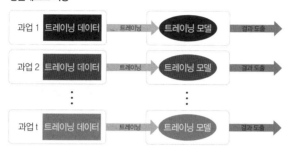

멀티태스크 러닝

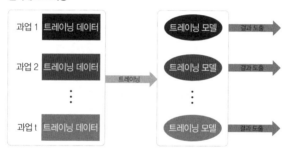

대한 적게 만드는 것, 즉 일이나 학습 양을 되도록 줄이는 것이 좋다. 주어진 모든 과업을 다 하려다가 과부하가 셧다운으로 가는 일만은 무조건 막아야 한다.

그렇다면 어떻게 뇌의 과부하를 막을 수 있을까? 위

2부 | 나를 물들게 하지 않는 뇌 사용법 **115**

의 그림을 살펴보자. 이것은 싱글태스크 러닝(Single Task Learning)과 멀티태스크 러닝(Multi Task Learning)의 작동 원리다. 싱글태스크에서는 하나의 태스크, 즉 하나의 일이 들어오면 하나의 로직으로 결과를 도출한다. 다섯 개의 일을 다섯 개의 로직으로 해결하는 것이다. 자동차를 만들 때, 싱글태스크로 작업하면 다섯 명의 사람이 각자 자동차의 동체, 핸들, 바퀴, 브레이크, 엔진 등을 처음부터 끝까지 맡아서 총 다섯 대의 자동차를 만들게 되는 것과 같다. 그래서 한 사람이 자동차를 만드는 시간이 평균 열 시간이라면 이런 방식으로는 열 시간 동안 최대 다섯 대의 자동차를 만들 수 있다.

그런데 멀티태스크 모델이 되면 한 사람은 자동차의 동체만 만들고, 다른 한 사람은 핸들만, 또 한 사람은 바퀴, 그다음 사람은 브레이크, 엔진 등 자신이 맡은 부품만을 만든다. 이 중 엔진을 만드는 사람이 여덟 시간으로 가장 오래 걸린다고 가정하면 다섯 대의 자동차를 만드는 데는 최대 여덟 시간밖에 걸리지 않는다. 다섯 명의 사람이 각자의 로직으로 빠르게 일을 하기 때문에 결과적으로 20퍼센트만큼의 시간 효율을 얻는 것이다. 이처럼 생각도 한 번에 다섯 가지의 생각을 진행하면, 따로따로 다섯 가지의 생각을 하는 것보다 효율성이 훨씬 높아진다.

그림에서 보면 알 수 있듯이 싱글태스크에서는 일을 처리하는 영역이 굉장히 좁다. 능력을 발휘할 수 있는 용량이 적을 때는 싱글 트레이닝밖에 할 수 없지만, 용량이 커지면 멀티태스킹이 무궁무진하게 가능해진다. 따라서 효과적인 뇌를 만들기 위해서는 싱글 트레이닝 작업뿐 아니라 멀티태스킹이 가능한 뇌를 만드는 훈련을 하는 것이 필요하다.

충동성이 가지고 있는 엔진에 집중하기

결국 충동성이 집중력이 되기 위해서는 자극 추구의 장점을 살려야 한다. 앞서 말한 것처럼 자극 추구는 기질일 뿐, 가치 판단의 영역은 아니다. 따라서 인간의 뇌가 가장 활발하게 활동하는 청소년에는 자극 추구 역시 가장 뛰어난 역량을 발휘하므로 이를 억누르기보다는 오히려 어떻게 활용할지 고민해야 한다.

다만 이때 고(go)와 스톱(stop), 즉 언제 더 자극을 추구하고 멈출지에 대한 판단 능력은 배워야 한다. 아울러 규칙과 계획을 세워 충동으로 흐르지 않도록 조심해야 하며, 단순 집중력보다는 작업 기억 능력을 활성화하여 내가 좋아하는 것만 하기보다는 해야 하는 일에도 집중해야 한다. 이러한 활동을 반복하면서 멀티태스킹 능력이 높아질 수 있으며 뇌는 점점 더 효율적으로 발전하게 된다.

마지막으로 결과보다는 과정에 집중해야 한다. 이 말은 뇌 인지적으로 볼 때 긍정적 결과와 부정적 결과를 동시에 받아들이라는 의미다. 우리의 뇌는 어떤 일을 하든 긍정적인 결과만 도출된다면 더 이상 발전의 여지가 없다. 하지만 부정적인 결과를 마주했을 때는 문제를 해결하고 다음 단계로 가기 위한 여분의 노력이 필요하다. 우리가 이야기하는 실패란 결국 어떤 과업을 끝마치고 성공으로 가기 위한 하나의 과정으로 보아야 한다. 이처럼 결과보다는 과정을 중요시하는 게 작업 기억 능력을 강화하는 것, 즉 긍정적 결과와 부정적 결과를 동시에 받아들이는 통합적인 뇌로 가기 위한 최선의 방향인 셈이다.

결국 중독이 몰입이 되기 위해서는 충동성이 가지고 있는 성장 엔진에 집중력이 가지고 있는 방향성과 조절 능력이 더해져야 한다. 지금까지 설명한 충동성과 집중력의 차이, 선조체와 전두엽의 역할, 그리고 계획, 결과, 멀티태스킹처럼 우리 뇌를 효율적으로 만드는 방법 등은 우리의 일상생활에서 당면하고 고민하는 것을 인지적·심리적인 용어로 정의 내린 것에 불과하다. 따라서 실제 현실에서 몰입으로 향하는 연습을 할 때는 이를 실천하기 위한 노력이 지속적으로 뒷받침되어야 한다. 자신의 뇌에 대해 제대로 알고 어떻게 하면 충동성을 몰입으로 바꿀 수 있을지 고민하다 보면 충분히 집중력이 높은 뇌를 가질 수 있게 될 것이다.

3부

중독,
어디까지가 병인가

'공존 질환'이란 해당 질환 이외에 한 개 이상의 질병 과정이
동시에 존재하는 것을 말한다. 공존 질환은 특정 증상이 발생했을 때
이를 금방 끊어내고 정상적인 생활로 돌아오게 하느냐
중독으로 넘어가게 하느냐의 기로에서 중독이라는
질병으로 방향키를 트는 결정타로 작용한다.

01
선량한 중독의 조건들

우리는 중독의 인과관계를 모른다

—

현장에서 일하면서 환자와 보호자 들을 만나다 보면 생각보다 잘못 알고 있는 정보를 들을 때가 너무나 많다. 환자들뿐만이 아니다. 일반인 가운데에도 중독이나 몰입, 집중력의 개념을 제대로 이해하지 못하고 얕은 지식으로 알은체하는 사례가 정말 많다.

최근에 나는 한 기자와 다음과 같은 대화를 나눴다. 이것이야말로 일반인들이 중독에 대해서 제대로 모르고 있다는 대표적인 사례다.

"교수님, 스마트폰을 많이 보거나 게임을 많이 하면 난독증이 생기나요?"

"아뇨, 그렇게 한다고 해서 난독증이 생기지는 않습니다. 거꾸로 생각해보진 않으셨어요? 글을 잘 못 읽는 사람이 책을 읽으면 글이 머릿속에 안 들어오고 재미가 없으니까 게임이나 영상에 더 빠지는 것 아닐까요?"

"그럴 수도 있겠네요. 그럼 글을 잘 읽던 사람이 영상 매체를 많이 보거나 게임을 많이 하면 글을 잘 못 읽게 될 수도 있나요?"

"그것도 불가능해요. 게임이나 영상을 많이 본다고 해서 글을 읽는 능력이 퇴화되지는 않습니다."

이처럼 조금만 생각해보면 현상의 인과관계를 거꾸로 놓고 판단했다는 오류를 깨닫게 되지만, 언론에서 흘리는 잘못된 정보를 무비판적으로 받아들이다 보면 증명되지 않은 이론을 사실이라고 믿어버리는 오해가 생기게 된다.

중독을 병으로 인정한 것은 1956년 미국정신의학회에서 알코올의존증을 질병으로 선언한 때부터다. 인간이 지나친 음주 행위를 스스로 통제하지 못하고 문제를 일으킨 것은 거의 인류의 시작부터라도 봐도 무방하지만, 이런 일탈 행위를 의학적 문제로 처음 인정한 사람은 1700년대 미국의 정신과 의사인 벤저민 러시(Benjamin Rush)였고, 그로부터 약 200년이 지난 뒤에 정식 질병으로 명명된 것이다. 그만큼 술을 개인의 도덕적 일탈 혹은 문화적 배경, 관례적 사용이라는 시각에서 의학적 질환으로 인정하는 데까지는 매우 오랜 시간이 걸렸다. 물질 관련 장애는 어느 문화권에도 존재하지만, 한 사회에서 특정 물질 관련 장애의 유병률은 그 물질의 물리적-심리적-환경적 접근성, 즉 사회문화적 영향을 많이 받는다.

물질 관련 장애라고도 불리는 중독 질환은 크게 두 종류의 상황을 포함한다. 첫 번째, 물질을 사용하지 않는 것이 자신을 위해 더 좋다는 것을 알고 있음에도 계속 사용하며 신체 및 정신적, 사회적 안녕이 위협

1. 종종 의도하던 것보다 더 많이 또는 장기간 물질을 사용한다.

2. 물질 사용을 중단하거나 조절하려는 지속적인 욕구를 억누르기 위해 노력해도 실패한다.

3. 물질 구하기, 사용하기, 효과에서 회복하기 위한 활동에 많은 시간을 소비한다.

4. 갈망, 즉 물질을 사용하려는 강한 욕구와 충동을 느낀다.

5. 물질을 거듭 사용한 결과 직장, 학교, 가정에서 중요한 역할과 임무를 완수하지 못한다.

6. 물질의 효과에 의해 지속적·반복적인 사회적·대인 관계 문제가 일어나거나 악화됨에도 불구하고 계속 물질을 사용한다.

7. 중요한 사회, 직업 및 여가 활동이 물질 사용 때문에 줄어들거나 중단된다.

8. 신체적으로 위험한 상황에도 거듭해서 물질을 사용한다.

9. 물질이 일으키거나 악화시켰을 것 같은 지속적·반복적인 신체적·정신적 문제가 있음을 알면서도 물질을 계속 사용한다.

10. 내성, 다음 중 하나로 정의된다.
    ① 중독 혹은 원하는 효과를 얻기 위한 훨씬 많은 양의 물질이 필요
    ② 같은 양의 물질을 계속 사용하는데 효과는 크게 감소

11. 금단, 다음 중 하나로 나타난다.
    ① 물질에 특징적인 금단증상
    ② 금단증상을 줄이거나 피하기 위해 같은 물질을 사용

받는 것이다. 이런 것을 '물질 사용 장애(substance use disorder)'라고 한다. 알코올 사용 장애, 대마 사용 장애가 대표적인 유형이다. 두 번째, 특정 물질 사용 또는 사용하던 물질 중단에 따른 생물학적 효과와 관련된 것으로 임상적 증상이 나타나는 경우다. 알코올 금단증상, 물질 유발 정신증 등이 대표적인 사례다.

중독을 질병으로 인정받기 위해서는 왼쪽과 같은 진단 기준에서 최소 두 가지가 12개월 기간 내에 일어났을 때 조건을 충족하는 것으로 본다.

물질 유발 장애를 조금 더 자세히 보면 최근 사용한 물질의 생리학적 작용에 의해 나타나는 급성 중독(intoxication)도 여기에 포함된다. 대표적으로는 연탄가스 중독이 그렇다. 그 밖에 앞서 설명한 금단증상, 내성 등도 물질 유발 장애의 주요 증상들이다. 조금 더 구체적으로 살펴보면 물질로 인해 유발된 섬망, 정신병, 기분장애, 불안장애, 강박장애, 수면장애, 성기능 장애 및 신경인지 장애 등 다양한 정신과적 문제들이 물질 사용에 따른 혹은 금단 시의 증상으로 나타난다.

반면 인터넷 중독 혹은 게임 사용 장애는 이와 다르다. 이와 관련해서는 1996년 미국 피츠버그대학교의 킴벌리 영(Kimberly S. Young) 교수가 처음으로 인터넷 중독 진단 기준을 제안했고, 그 이후 20년 만인 2019년 5월 세계보건기구(WHO)가 이를 질병 진단 기준으로 발표했다. 그간 다른 중독에 대해서는 수백 년 동안 사회적·문화적·환경적 조건에 대해 연구한 것이 무색할 정도로 인터넷 중독은 10배의 속도로 질병의 진단 기준을 제시한 것이다. 따라서 3부에서 우리는 인터넷 또는 게임에서도 중독과 몰입을 구분하기 위해 장시간에 걸쳐 진행된 사회적·문화적·환경적·의학적 조화의 중요성을 간과하지 않고 구체적으로 살펴볼 것이다.

　'인터넷이나 게임을 많이 사용하면 중독이다'라는 명제는 첫 번째 물질 사용 장애의 개념으로 보면 상당히 비슷한 것 같다. 많이 사용하면 중독이고, 그 결과 일상생활이 파괴되므로 중독 질환으로 봐야 한다는 너무도 당연한 결론에 이를 수도 있다. 하지만 중독 질환에서는 물질 사용 장애와 물질 사용 관련 증상이 반드시 따로 존재하지 않고, 특정 물질을 반복해서 사용하다 보면 사용 관련 질환들이 유기적으로 따라온다. 다시 말하자면 알코올 사용 장애만 진단받는 사람은 거의 없고, 알코올 사용 장애 진단을 받게 되면 그에 따른 알코올 관련 중독(intoxication), 금단증상 등의 두 가지 상황을 모두 경험하게 되는 것이 일반적이다.

하지만 게임 사용 장애에서는 이 두 번째 특징이 동반되기 어렵다. 있더라도 이것이 게임 자체를 원인으로 나타난다기보다는 다른 요소에 의해 발생하는 경우가 더 많은데, 이 다른 요소의 가장 핵심적인 원인이 바로 '공존 질환'이다.

인터넷 혹은 게임 중독 문제를 강조하는 학자들은 게임을 많이 하면 ADHD가 유발되고, 우울증이 생기며, 불안증이 가중된다고 주장한다. 그래서 물질 유발 장애처럼 인터넷 게임 유발 장애도 똑같이 존재한다고 생각한다. 그런데 나를 만나러 온 수많은 사용자는 그 인과관계가 정반대였다. 즉, 게임을 많이 해서 유발 장애 혹은 질환이 생겼다기보다는 먼저 다른 질환이 발생했기에 이성적인 판단이 어려울 정도의 문제성 게임을 하게 된 것이다. 이처럼 사용자가 어떤 물질에 취약해지도록 만든 원인 질병을 공존 질환이라고 부른다.

지금부터는 어떻게 하면 우리가 정신과적 질환 없이 건전하게 뇌를 사용할 수 있는지, 또한 이에 문제가 되는 상황인 과몰입 혹은 중독으로 넘어가는 정신과적·심리적 질환에는 어떤 것들이 있는지 살펴보기로 하자.

중독의 마지노선을 무너뜨리는 공존 질환

가장 먼저 특정 질병을 살펴보기 전에 공존 질환에 대해 간단하게 짚고 넘어가보자. 공존 질환이란 말 그대로 해당 질환 이외에 한 개 이상의 질병 과정이 동시에 존재하는 것을 말한다. 이렇게 추가로 더해지는 질병은 원래 가지고 있던 특정 질환과 관련된 치료 과정에 중요한 영향을 미치게 된다.

특히 알코올의존증이나 마약 중독과 같은 물질 중독

질환에서는 공존 질환의 발생과 치료, 예후가 원 질환을 해결하는 데 중요한 영향을 끼친다. 하지만 게임 과몰입 같은 경우에는 아직 이것이 질환인지 아닌지부터 논란이 많으므로 게임을 많이 하는 행동 자체가 문제라기보다는 공존 질환이 게임 과몰입에 미치는 영향력이 물질 중독 질환과는 비교되지 않을 정도로 높다.

조금 더 자세히 설명하자면 알코올의존증이나 마약 중독 등은 화학적 중독 그 자체이므로 이것으로 인해 사람의 성격이나 기분 변화를 초래할 수 있고, 심각하게는 망상, 환각, 환청과 같은 감각 이상까지 불러일으킨다. 하지만 게임을 많이 한다고 해서 이처럼 심각한 부작용이 저절로 발생하지는 않는다. 일반인들이 오해하는 것처럼 ADHD가 생기는 것도 아니다.

하지만 인과관계를 바꿔서 생각해보면 특정 공존 질환, 즉 ADHD나 우울증 때문에 무분별하게 스마트폰을 과도하게 사용하거나 게임 과몰입에 빠질 수는 있다. 이처럼 과도한 미디어 사용 증상을 공존 질환의 표현형(증상)으로 보는 경우도 있으며, 공존 질환의 유무가 이런 증상에서는 굉장히 큰 영향력을 미치게 된다.

내 진료실에는 부모 혹은 배우자의 손에 이끌려 문제성 게임 상담을 받으러 오는 사람이 많다. 이런 사람 가운데 95~97퍼센트는 공존 질환을 가지고 있다. 결국 공존 질환은 특정 증상이 발생했을 때 이를 금방 끊어내고 정상적인 생활로 돌아오게 하느냐 중독으로 넘어가게 하느냐의 기로에서 중독이라는 질병으로 방향키를 트는 결정타로 작용한다.

공존 질환이 있는 97퍼센트 가운데 70~80퍼센트는 ADHD와 우울증을 앓는다. 나머지 20~30퍼센트에서는 사회성 결여와 관련된 질환, 자폐 스펙트럼 장애, 사회공포증과 같은 질환들이 나타난다. 이런 통계를 바탕으로 추론하면 과도한 미디어 사용은 특정 공존 질환으로 나타나는 증상 중에 하나라고 볼 수 있다.

하지만 중독 문제에 빠진 사람 가운데 여전히 많은 사람이 이에 대해 잘 모르고 있다. 게임 중독이라고 하면 이 문제에만 초점을 맞추고 게임을 그만하기 위한 대책을 찾기 위해 고심한다. 하지만 자신이 중독에 빠진 계기, 그리고 벗어날 수 없었던 이유가 이러한 공존 질환 때문이라는 사실을 깨닫게 되면 그제야 근본적인 문제의 해결책을 찾기 위해 제대로 된 치료를 받는다. 결국 공존 질환 관리는 몰입을 중독으로 가게 만드는 결정적인 병적 상황이며, 이에 대해 제대로 아는 것이야말로 가장 빠르게 중독에서 벗어나는 지름길이다.

도박 중독을 막아주는 방어벽, 웹보드 게임

여러분은 혹시 웹보드 게임과 웹보드 겜블링, 불법 인터넷 겜블링이 무엇인지 잘 알고 있는가? 알고 있다면 이를 구분해서 설명할 수 있는가?

WHO에서는 게이밍과 겜블링이라는 개념을 구분해서 설명하지 않는다. WHO에서조차 이 두 가지를 똑같은 행위 중독(behavior addiction) 영역에 몰아넣고 정확한 연구를 진행하지 않는 것이다. 이 내용을 연구하는 학자로서 WHO에 앞으로 두 가지 영역을 분리해서 중

내향성

우울증

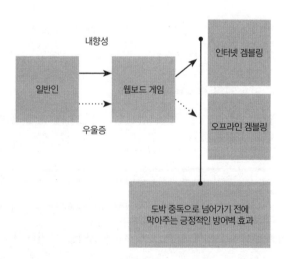

독 문제를 해결할 수 있을지 문의해봤지만, 지금까지도 확실한 답변은 듣지 못했다.

왼쪽 그림은 우리 연구팀에서 진행한 「웹보드 게이머와 갬블러의 행동 패턴과 심리적 특성 비교」 논문에 삽입한 도표다. 이 연구는 공존 질환이 중독에 어떤 역할을 하는지가 핵심 주제였다.

이 논문에서 다룬 병적 도박(pathological gambling)은 말 그대로 질병이다. 미국의 정신질환 진단 및 통계 편람인 DSM에서도 이를 병으로 진단하며, WHO의 진단 기준에서도 이는 명확하게 병으로 인정된다. 병적 도박은 중독의 세 가지 조건, 즉 환자의 사회생활을 파괴하며 갈망을 촉발하고 중독에 관한 내성을 일으킨다는 점에서도 질환임이 틀림없다. 우울증, 불안증과 같은 공존 질환 상황에서는 단순한 웹보드 게임 유저에 비해 인터넷 도박이나 오프라인 도박으로 넘어가는 비율이 훨씬 더 높다.

여기에서 처음에 던진 질문인 세 가지 게임 유형의 차이에 대해 답해보자. 웹보드 게임이란 우리가 흔히 아는 가벼운 인터넷 보드게임으로 온라인 고스톱, 포커처럼 실제 현금이 아니라 게임머니를 이용해 운용하는 게임 형태를 의미한다.

반면 인터넷 겜블링은 같은 방식의 게임이지만 현금을 걸고 진행한다는 점이 다르다. 가장 심각한 유형은 불법 인터넷 겜블링으로 허가받지 않은 무허가 사이트를 만들어 무분별하게 돈을 넣고 각종 범죄를 일으키는 불법적인 방식의 도박장을 의미한다.

그런데 이 가운데 웹보드 게임에는 예상치 못한 긍정적인 순기능이 하나 있다. 바로 도박 중독으로 넘어가기 전에 이를 막아주는 방어벽 효과를 보인다는 점이다. 그래서 오프라인 도박이나 인터넷 불법 도박의 유혹에 취약할 것 같은 경우에 잠깐 즐기기 위한 대안으로 웹보드 게임을 권유해주는 사람들이 있다.

웹보드 게이머는 오프라인 도박꾼과는 다른 특성을 가지고 있는데, 그것은 바로 오프라인에서 도박을 하는 사람보다도 자극 추구나 외향적인 면이 덜하고 사회 기피적인 성격도 가지고 있으며 고집도 그다지 세지 않고 유순하다는 점이다. 겉보기에는 게임 머니든 실제 현금이든 돈을 걸고 확률 게임을 한다는 점에서 비슷해 보일 수 있지만, 이와 같은 기질적인 차이가 있으므로 이후에 증상이 다르게 발현될 확률이 높다.

여기에서 우울증과 불안증은 술과 마약 같은 화학물질 중독과는 다른 양상으로 발현된다. 흔히 도박이나 게임을 과하게 접하다 보면 우울증과 불안증을 유발한다고 알고 있다. 하지만 앞서 말한 것처럼 이 둘의 인과 관계를 다시 한번 살펴보자. 행위자가 도박이나 게임을 해서 우울해지는 것이 아니라 우울하기 때문에 도박이나 게임이라는 행위를 무의미하게 반복하는 것일 수 있기 때문이다.

웹보드 게임에서 인터넷 도박, 오프라인 도박으로 넘어가는 것을 막아주는 장벽을 무너뜨리는 요인이 바로 이 공존 질환이다. 공존 질환을 가지고 있는 사람은 무의미한 행위 혹은 충동적인 행동을 반복함으로써 웹보드 게임이 가지고 있는 방어벽을 무너뜨린다. 이로써 중독에 한 걸음 더 다가서게 되는 것이다.

02
우리는 우울증을 오해하고 있다

감정의 분화가 퇴화되다
—

지금까지 설명한 공존 질환에서 가장 잘 알려진 질환은 우울증이다. 보통 우울증이라고 하면 일상생활이 어려울 정도로 무기력해지고 의욕이 없어지며 계속해서 우울한 기분이 드는 것이라고 생각하기 쉽다. 우울증은 '마음의 감기'라는 별명답게 가장 흔하게 나타나는 심리적 질환이기도 한데 단순히 기분 상태가 저하되면 우울증이라고 볼 수 있을까? 다음 세 장의 그림을 살펴보자.

출처: 게티 이미지

첫 번째 사진처럼 불을 끄고 어두운 곳에 쭈그리고
앉아서 고개를 숙이고 있으면 의학이나 심리학을 공부
하지 않은 사람이라도 누구나 이 사람이 우울한 상태라

는 것을 눈치챈다. 그렇다면 두 번째 사진 같은 경우는 어떨까? 아무 이유 없이 짜증을 내고 화를 내며 감정을 폭발적으로 표현하는 것도 사실은 우울증의 한 형태다. 하지만 이 세 장의 사진 가운데 가장 위험한 유형은 놀랍게도 세 번째 유형이다. 이 사람의 표정은 마치 아무 감정도 느끼지 못하는 것처럼 무표정하다. 의학에서는 이처럼 자신의 기분을 파악하지 못하는 것 역시 우울증으로 판단하는데, 의학 용어로는 이를 감정표현불능증(Alexithymia)이라고 부른다.

우울증 상태에서 인간의 정상적인 표현 능력은 퇴화한다. 정상적인 성인이라면 희로애락을 겪을 때 당연히 그에 맞게 반응하지만, 우울증 상태에 놓인 사람은 그렇지 않다. 마치 갓 태어난 아기와 같이 단순한 모습을 보인다. 신생아 때는 자신의 감정을 표현할 수 있는 수단이 울음밖에 없다. 배고플 때도, 용변을 봤을 때도, 졸릴 때도, 그냥 기분이 안 좋을 때도 울음을 터뜨려 자신이 보호받아야 하는 상황임을 알린다. 이 시기에는 자신의 기분이 어떤지 스스로도 잘 모르며 그저 무언가 불쾌하다는 것을 알리는 수단으로 울음을 택한다.

그러다가 성장하면서 감정이 점점 세분화하기 시작하면 울음 이외의 다양한 방식으로 감정을 알릴 수 있게 된다. 기분이 좋으면 까르륵 웃기도 하고 화를 내거나 짜증을 부리기도 한다. 전두엽이 미발달한 청소년기에는 이런 점이 오히려 더욱 두드러져 감정 표현이 극단적으로 나타나는 일도 잦다. 하지만 여전히 감정 분화가 완벽하게 나타나지는 않은 상태다.

이윽고 성인이 되어 뇌가 성숙해지면 인간은 점점 세밀한 방식으로 감정을 표현할 수 있게 된다. 좋아하는 사람이 생겼을 때는 온갖 달콤한 표현으로 자신의 마음을 드러내며 상대방의 마음을 얻기 위해 노력한다. 어떤 감정을 느낄 때도 단순히 '재미있다, 화난다, 짜증난다, 기쁘다' 정도가 아니라 화가 나는 상황도 조금 불만족스러운 상태인지, 답답한 마음인지, 울화통이 터질 만큼 머리끝까지 화가 치밀어 오르는 상태인지 가만히 곱씹으며 구체적으로 생각하게 된다.

그런데 우울증은 이러한 인간의 발달사를 무시한 채

감정의 분화를 다시 옛날로 되돌린다. 우울증 환자는 자신의 기분이 어떤 상태인지 정확히 파악하지 못하고 매사에 화가 나고 짜증이 나는 청소년기와 같은 상태가 돼버린다.

물론 일시적으로 이 세 사진과 같은 상태가 나타난다고 해서 모두 우울증으로 진단할 수는 없다. 다만 일반적으로 알고 있는 것과는 달리 우울증은 다양한 모습으로 나타날 수 있으며 감정을 세밀하게 표현하지 못하는 상황이 심리적으로 위축된 상황임을 알리는 위급 신호라는 점을 깨닫는 것이 중요하다.

나도 우울증일까?
—

그렇다면 단순히 우울하다거나 무기력한 감정이 생긴다고 해서 우울증이라고 진단할 수 있을까? 어떤 경우에 의학적으로 우울증이라고 진단을 내리는지 다음 표를 보면서 체크해보자.

- 거의 매일 하루의 대부분 동안 우울한 기분이 주관적으로 표현되거나 객관적으로 관찰된다. 소아와 청소년의 경우는 과민한 기분으로 나타나기도 한다.

- 거의 모든 일상 활동에서 흥미나 즐거움이 현저히 저하된다(거의 대부분의 시간 동안 주관적인 호소나 객관적으로 무감동증이 관찰된다).

- 체중 조절을 하고 있지 않은 상태에서 체중이 심하게 감소하거나 증가했다(1개월 동안 체중 5퍼센트 이상의 변화).

- 거의 매일 불면증이나 수면 과다를 보인다.

- 거의 매일 지속되는 정신 운동성 초조 혹은 지체(주관적인 초조 혹은 지체뿐 아니라 객관적으로도 타인에 의해 관찰 가능함)가 나타난다.

- 거의 매일 피로나 활력 상실을 호소한다.

- 무가치감이 계속되고 과도하게 죄책감을 가진다(망상적일 수 있음).

- 사고력이나 집중력이 저하되고 우유부단하다(주관적인 호소 또는 객관적으로 타인에 의해 관찰 가능함).

- 죽음에 대한 생각이 반복되고 자살을 기도하기도 한다(혹은 자살 기도에 대한 구체적인 계획).

DSM-5에서는 위와 같은 아홉 가지 증상 가운데 다섯 가지 이상의 증상이 2주 이상 거의 매일 나타나고 질병 전에 비해 정신과 신체 기능이 현저히 저하되며, 우울한 기분이 지속되는 경우 주요 우울장애로 진단한다.

이런 증상의 대부분은 정상적인 일상생활 패턴이 무너졌을 때 나타난다. 예를 들어, 단기간에 나타나는 체중 변화에는 살이 빠지는 것뿐 아니라 찌는 것도 포함된다. 우울증에 걸리면 입맛이 없어지면서 아무것도 먹지 않을 것이라고 생각하지만, 오히려 불면증이 심해지는 밤이 되면 이성을 잃고 충동적으로 음식을 찾기도 한다. 이럴 때는 생리적 반응에 따른 정상적 식사가 아니라 심리적 영향을 받은 탐식이므로 평소 자신의 식사량을 월등히 뛰어넘을 만큼 많은 양을 한꺼번에 먹게 된다. 이런 일이 일주일에 몇 번씩 반복되다 보면 불과 한 달 만에 10킬로그램 이상 살이 찌는 사람도 있다.

수면장애도 우울증의 대표적 증상이다. 우울증에 걸리면 거의 매일 불면증이나 수면 과다 증상이 나타나며 일상생활에서 생각의 흐름이 느려지면서 과도한 피로감이나 활력 상실을 호소한다. 입버릇처럼 '내가 왜 살아야 하지?', '지금 이걸 꼭 해야 하나?', '굳이 내가 할 필요가 있을까?'처럼 모든 일에서 가치를 찾지 못하는 증상도 나타난다.

집중력이 저하되는 것 또한 우울증의 한 가지 증상이다. 우울증에 걸리면 평소보다 기억력이 현저히 약화되어 약속 시간을 어긴다거나 업무를 진행하는 과정에서 사소한 실수를 반복하거나 일을 끝까지 마무리하지 못하는 상황을 자주 겪는다. 주변 사람이 눈치챌 만큼 업무나 학습에서 효율이 심각하게 나빠진다.

문제는 이런 증상이 겹치다 보면 그렇지 않아도 우울한 기분이 더욱 축 처지고, 업무 처리 속도 역시 급격히 떨어지면서 주변의 평가가 점점 안 좋아지게 된다는 점이다. 일도, 학업도, 가정생활도 무엇 하나 제대로 돌아가는 것 없이 나사가 빠진 톱니바퀴처럼 삐걱거리기만 한다. 이런 악순환이 반복되면 스트레스는 극에 달하고, 심각하게는 죽음을 구체적으로 생각하며 자살 기도에 이르는 경우도 있다.

우울증의 두 가지 얼굴

우울증은 크게 두 가지 유형으로 나뉜다. 하나는 멜랑콜리형 우울증이고, 다른 하나는 스트레스성 우울증이다. 전자는 성격에서 나타나는 성향 때문에 은근한 우울감을 늘 바닥에 깔고 있는 유형이며, 스트레스성 우울증은 외부적인 요인으로 인해 우울감이 발현되는 유형이다. 대부분의 우울증은 스트레스성으로 외부적 요인이 원인이다.

멜랑콜리형 우울증은 어느 정도 선천적인 기질이 반영되므로 가족으로부터 유전적 영향을 받는다고 볼 수 있다. 물론 우울증뿐 아니라 대부분의 공존 질환은 가족력에서 예외일 수 없다. 따라서 가족 내에서 공존 질환의 유병률이 높아지면 중독과 같은 행동 장애가 많이 나타나기도 한다.

그러다 보니 우울증 증상에 관한 설명을 들으면 많은 사람이 '내 증상 같은데?' 혹은 '우리 아들, 딸이랑 증상이 비슷한데?'라고 생각하기도 한다. 하루 종일 휴대폰만 들여다보며 무의미한 일을 반복하고, 생산적인 일은 하지 않으며 소위 '멍 때리기'에만 몰두하는 모습 역시 우울증 증상과 비슷하다. 특히 한국에서는 가족력 이외에도 부모의 지나친 간섭과 높은 교육열 때문에 아이들이 현실에서 도피해 게임이나 스마트폰에 과몰입하는 경우가 많다.

물론 성인도 크게 다르지 않다. 퇴근 후 컴퓨터를 켜서 무의미한 마우스질만 반복하거나 불면과 불안 증상을 달래기 위해 매일 저녁 술을 마시는 사람을 우리는 심심치 않게 볼 수 있다. 가족 중에 이처럼 단순 반복적인 일로 시간을 때우면서 자신을 서서히 망가뜨리고 있는 사람이 있다면 충분히 우울증을 의심해볼 만하다. 삶에 아무런 목표와 희망이 없고 그저 되는 대로 살고 있는 것 역시 우울증의 한 증상이기 때문이다.

앞서 설명한 아홉 가지 우울증 증상을 치료하기 위해서는 약물 치료와 상담 등 전문적인 기관의 도움을 받아야 한다. 이때, 선후 관계를 잘 따져보아야 한다. 만약 중독이 먼저고 우울증과 같은 공존 질환이 나중에 따라오는 문제라면, 문제를 일으킨 물질이나 행위에서 분리되었을 때 공존 질환의 증상들이 좋아져야 한다. 즉, 게임을 하지 못하게 했을 때 피로감이 줄어들고 사고력이나 집중력이 증가하며 수면 문제가 해결되고 체중도 잘 조절될 것이다. 심리적으로는 자존감이 상승해 행복감과 고양감도 느껴야 한다. 하지만 게임이나 술, 마약을 끊는다고 해서 그런 상태로 금세 회복되지는 않는다.

반대로 중독을 일으킨 매개가 아닌 공존 질환에 초점을 맞추고 치료를 시작하면 다른 결과가 나타난다. 우울증 치료를 먼저 시작한 다음 이와 함께 게임에서 멀어지도록 도움을 주면 일상생활의 회복이 훨씬 더 빨라진다. 이것이 바로 공존 질환이 원인, 중독이 결과가 되는 이유다.

03

집중력에 대한 불안, ADHD

'혹시 나도?'의 대표적인 질환

—

　대한민국 사회는 그 어느 나라보다도 주의 집중력의 가치를 상당히 높게 여긴다. 학업에서의 효율성, 업무에서의 효율성 등 일상생활에서 일어나는 모든 일이 집중력과 관계가 있다고 보기 때문이다. 특히 교육열이 높은 사회적 분위기에서 학업으로 자신의 가치를 증명해야 하는 학생들은 더 높은 성적을 거두기 위해 초등학교부터 시작해 고등학교까지 자는 시간도 줄여가며 공부에만 매진한다. 이때 학업과 관련한 능력치를 최대한으로 끌어 올리는 데 가장 기여하는 것이 집중력이라고 보기 때문에 그 가치는 더욱더 올라갔다. 실제로 우리나라의 고등학생들은 다른 나라의 대학생과도 비교될 만큼 수학 능력이 매우 뛰어나다.

이러한 맥락에서 모든 사람이 스스로를 주의력결핍 과잉행동장애, 즉 ADHD라고 느끼는 현상이 나타났다. ADHD의 진단 기준을 살펴보는 사람이 열 명이라면 그 중에 아홉 명은 자신이 이에 해당한다고 생각할 만큼 주의력 결핍에 대한 불안이 상당히 높은 편이다. 과거에는 ADHD가 어린아이들에게만 나타나는 소아과 질환이라고 생각했지만, 최근에는 성인 ADHD도 주목받으면서 직장인들 사이에서도 자신 혹은 동료가 ADHD 유질환자 아닐까 의심하는 사례도 점점 늘고 있다.

하지만 검사를 제대로 진행해보면 실제 질환으로 진단받는 경우는 흔치 않다. ADHD는 주의력만으로 판단하는 질환이 아니기 때문이다. 의학적으로 ADHD로 진단을 내리려면 주의 집중력을 비롯해 자신감이 떨어지고 감정 조절 능력이 부족하며 앞서 언급한 것처럼 멀티태스킹이 불가능한 것 등 다양한 요인을 종합적으로 살펴봐야 한다.

우리가 ADHD에 대해 몰랐던 것들

그렇다면 ADHD일 때 나타나는 주요 증상들의 정의와 양태에 대해서 한번 살펴보자.

ADHD의 첫 번째 특징은 자신감 결여다. 자신감이란 무엇일까? 사전적 정의는 '자신이 있다는 느낌'으로 아주 간결하고 명확하지만, 증상으로서의 자신감은 의미가 조금 더 협소하다. 단지 스스로를 높게 인정하고 훌륭하다고 판단하는 것이 아니라 공자가 이야기한 '지지위지지(知之爲知之) 부지위부지(不知爲不知)', 즉 "아는 것을 안다고 이야기하고 모르는 것을 모른다고 이야기하는 것"과 일맥상통한다. 자신이 무엇을 할 수 있는지, 아니면 능력이 되지는 않지만 노력해보고 그래도 할 수 없다는 것을 인정하는지 정의할 수 있는 능력이 바로 자신감이다.

ADHD의 두 번째 특징은 감정 조절이 잘 되지 않는 다는 것이다. 감정 조절과 집중력은 밀접하게 연관되어 있기 때문이다. 어떤 사람의 표정을 보고 기쁜 표정인지 슬픈 표정인지 판단해보는 심리학 실험에서 이런 점을 확인할 수 있었다. 신기하게도 우울증 환자는 우울한 얼굴에 예민했다. 피실험자가 우울증을 앓지 않는 경우, 중립적인 표정의 얼굴 열 명을 보면 대부분은 그중에 우울한 사람이 없거나 한 명 정도 있다고 말하는 데 그치는 반면 피실험자가 우울증을 앓고 있는 경우, 중립적인 표정의 얼굴 열 명 가운데 서너 명 정도가 우울해 보인다고 판단했다. 본인이 현재 우울하고 부정적인 상태에 초점이 맞춰져 있기 때문에 부정적 감정에 집중이 되는 것이다. 따라서 다른 기분의 판단에는 주의를 기울이지 못한다. 그래서 우울증 환자는 감정 인식에 왜곡이 있으며 이러한 부정적 기분에 고지식하게 사로잡혀 있는 편협한 집중력이 작동한다.

이와 연결해서 나타나는 ADHD의 특징 중 하나가 바로 눈치가 없다는 점이다. ADHD 환자는 상대방이 지금 기분이 좋은지 나쁜지, 나에게 호의를 가지고 있는지 아닌지 판단하기를 어려워한다. 대화나 분위기를 파악하는 능력 역시 떨어지기 때문에 대인관계에 서툴 수밖에 없다. 이런 상태에 결정적인 역할을 하는 것이 집중력이 깨진 상태에서 감정 조절이 되지 않는 증상이다. 자신의 감정을 조절하는 능력뿐 아니라 타인의 감정을 살피는 능력 역시 부족하기 때문에 이를 표현하는 것을 상당히 어려워한다.

ADHD의 세 번째 특징은 지능이 나쁘지 않다는 것이다. ADHD에 관한 대표적인 오해 중 하나가 ADHD 환자는 주의력이 결핍되어 있으므로 머리가 나쁘다는 편견이다. 하지만 실제로 외래에 방문하는 환자들을 진단해보면 오히려 그 반대인 경우가 많다. 특히 게임 과몰입으로 찾아오는 고등학생이나 청년 층에서 이런 특징이 두드러진다. 이들의 지능지수 검사를 해보면 약 30~40퍼센트의 환자는 의사인 나보다 훨씬 더 점수가 높게 나온다.

게임 과몰입자 가운데 이런 사람이 많은 이유는 이들이 낮은 집중력으로 인해 정규 교육 제도에서 평가하는 방식으로는 자신의 두뇌를 활용할 기회가 없었기 때문이다. 학교 교육에서는 같은 시간에 같은 문제를 두고 경쟁하는 방식으로 점수를 매긴다. 점수를 잘 받기 위해서는 단시간에 집중력을 발휘해야 한다. ADHD를 앓는 학생들에게 이런 방식은 좋은 점수를 얻기에 효과적이지 않다.

그러다 보니 학교 시험은 망치고 결국 인터넷이나 게임으로 도피하게 된다. 머리가 좋으므로 이곳에서만큼은 자신의 실력을 마음껏 뽐낼 수 있다. 게임에서 요구하는 집중력은 공부에서 요구하는 것에 비하면 훨씬 낮기 때문이다. 적당한 집중력을 발휘하면서 지능은 온전히 활용할 수 있는 곳, 게임은 ADHD 환자들에게는 현실에서보다 더 자신의 능력을 인정받을 수 있는 환상의 세계다. 성적은 조금 뒤처져 있지만, 게임에서 뛰어난 실력을 보이는 사람이 주변에 있다면 혹시 ADHD를 앓고 있을지도 모른다.

따라서 ADHD 환자들에게는 게임 과몰입, 스마트폰을 아무 이유 없이 들여다보고 있는 행동을 그만두라고 다그치는 것은 아무런 도움이 되지 않는다. 이들의 일상을 근본적으로 바꾸기 위해서는 집중력을 키우는 것이 중요한데, 그 집중력은 단순히 주의력뿐 아니라 자신감, 감정 조절 능력, 충동 조절 능력 등 다양한 능력과 연관되어 있으므로 삶의 질을 전반적으로 높이기 위해서는 가장 먼저 주의력을 향상시키도록 유도해야 한다. 대부분의 ADHD 환자들은 지금까지 스스로 머리가 나쁘고 열등하다고 의식했기 때문에 무언가를 시도하는 노력조차 하지 않을 때가 많았다. 하지만 실제로는 머리가 좋고 단지 집중력만 떨어져 있을 뿐이라는 말을 들으면 다시 자신감을 얻고 치료에 적극적으로 임하게 된다. 그러면 건강한 사회인으로서 무너졌던 생활을 회복하고 정상적인 모습으로 돌아올 수 있다.

ADHD의 두 갈래, 부주의형과 과잉행동형

—

　ADHD는 눈에 띄는 행동 유형에 따라 크게 두 가지로 나뉜다. 하나는 집중력이 크게 떨어져 자주 실수를 저지르는 부주의형이며, 다른 하나는 가만히 있지 못하고 계속해서 움직이는 과잉행동형이다. 부주의형은 특히 성인 ADHD에서 자주 나타난다.

1. 학업이나 일, 혹은 다른 활동을 할 때 세밀하게 주의 집중을 하지 못하거나 부주의해 자주 실수한다.

2. 과제 또는 놀이를 할 때 지속적인 주의 집중에 어려움이 있다.

3. 다른 사람이 앞에서 말할 때 귀 기울여 듣지 않는 것처럼 보인다.

4. 지시에 따라서 학업이나 집안일 또는 자신이 해야 할 일을 끝내지 못할 때가 많다.

5. 과제나 활동을 체계적으로 하는 데 어려움을 겪는다.

6. 공부나 과제와 같이 지속적으로 정신적인 노력이 필요한 활동을 피하거나 싫어하며 하지 않으려고 한다.

7. 과제나 활동을 하는 데 필요한 것들을 자주 잃어버린다.

8. 외부 자극에 따라 쉽게 산만해진다.

9. 때때로 일상적인 일을 잊어버린다.

왼쪽은 부주의형의 대표적인 특징이다.

이 중에 한두 개에 해당한다고 해서 모두 ADHD인 것은 아니다. 항목에 따른 점수가 어떻게 되느냐에 따라 ADHD를 앓고 있을 수도, 아닐 수도 있다. 다만 다수의 항목에 해당한다면 정신과 상담을 통해 정식으로 검사를 받아보는 것이 필요하다.

반면에 과잉행동형은 주로 어린이 ADHD에서 흔히 나타난다. 그 증상으로는 다음과 같은 것들이 있다.

1. 가만히 앉아 있지 못하고 손발을 자주 움직인다.

2. 수업 시간 또는 가만히 앉아 있어야 하는 상황에서 일어나 돌아다닌다.

3. 상황에 맞지 않게 과도하게 뛰어다니거나 기어오른다.

4. 조용히 하는 놀이나 오락 활동에 참여하는 데 자주 어려움이 있다.

5. 쉬지 않고 움직이거나 마치 모터가 달려 움직이는 것처럼 행동한다.

6. 말을 너무 많이 한다.

어린이 ADHD가 가장 많이 발견되는 시기는 초등학

교에 입학한 직후다. 어린이집과 유치원은 수업 시간이 짧을 뿐 아니라 아이가 산만하게 행동하더라도 아직 어려서 그렇다고 생각하기 쉽다. 부모는 아이가 성장하면 자연스럽게 집중력이 높아질 것이라고 기대하기 마련이다.

하지만 초등학교에 입학해 40분 동안 수업을 받다 보면 ADHD인 어린이는 이 시간을 견디지 못하고 교실을 돌아다닌다거나 갑자기 교실 밖으로 나가버린다거나 잠시도 가만히 있지 못하고 몸을 움직이는 등 더욱 심각한 이상 행동을 나타낸다. 상황에 맞지 않는 움직임이 자주 발생하다 보니 조용한 환경에서 진행되는 놀이나 교육 활동에 참여하는 데도 어려움을 겪는다. 게다가 마치 쉬지 않고 움직이는 모터처럼 끊임없이 말을 해서 다른 아이의 수업을 방해하기도 한다.

보통 어린이 ADHD의 경우 어렸을 때 적절한 치료를 받으면 성인이 되어서는 증상이 크게 호전되거나 완치된다. 그러나 이때 적절한 치료를 받지 못한 채 방치되고 아무런 조치를 취하지 않으면 성인이 되어서까지 심각한 ADHD 증상을 보이게 된다. 성인에게서는 과잉행동형보다는 부주의형이 주로 발생하지만, 간혹 과잉행동형의 증상인 끊임없이 손발을 움직이고 말을 하는 증상이 나타나기도 한다. 우리나라에서는 통계적으로 성인의 약 5~7퍼센트가량이 성인 ADHD인 것으로 보고 있다.

단순 집중력과 복잡 주의력, 어떻게 다를까?
—

앞서 1부에서 충동성과 집중력의 차이를 살펴봤다. 충동성에는 집중력과 마찬가지로 무언가를 해낼 수 있는 추진력이 따라오지만, 집중력과 달리 방향 설정과 조절이 어렵다는 차이점이 있다. 따라서 충동성을 조절해야 집중력을 높일 수 있다.

ADHD 증상을 살펴볼 때도 이와 비슷하게 단순 집중력과 복잡 주의력을 구분한다. 보통 자신이 좋아하는 일은 누구나 푹 빠져서 할 수 있으므로 이것을 두고 의학적으로 집중력이 높다고 하지 않는다. 집중력이 높은 사람은 좋아하는 일이 아니더라도 해야만 하는 일이라면 몰입할 수 있다.

하지만 여전히 많은 부모가 주의력이 높은 것과 집중력이 나쁜 것을 구분하지 못하는데, 이 때문에 상담을 받으며 상당히 놀라는 경우가 많다. 부모의 시선에서는 아이가 앉은자리에서 대여섯 시간씩 블록을 맞추고 밤을 새서 만화책을 읽고 밥 먹는 시간을 잊을 정도로 게임에만 몰두하는 게 마치 집중력이 높은 것이라고 착각할 수 있다. 하지만 정말로 집중력이 높은 아이는 이처럼 자신이 좋아하고 관심 있는 일뿐 아니라 하기 싫은 일, 해결하기 어렵거나 복잡한 일도 버티면서 할 수 있어야 한다. 어렵고 하기 싫지만 그럼에도 계속할 수 있는 힘은 멀티태스킹과도 연결된다.

우리의 하루 일상을 차근차근 살펴보자. 그중 멀티태스킹이 가장 필요한 때는 언제일까? 바로 등교 혹은 출근을 준비하는 아침 7시부터 8시 사이다. 이때 부모는 아이를 깨워서 밥을 먹이고 씻으라고 이야기하고 가방과 옷을 챙겨 학교에 보낸다. 그래서 ADHD를 앓는 아이의 부모는 이 시간을 가장 힘들어한다. 아이가 이 모든 일의 순서를 지키는 동시에 완벽하게 해내야 하는 멀티태스킹에 서툴기 때문이다.

일상적으로 하는 이런 일을 집중력이 흐트러진 채 동시에 혹은 순차적으로 해낼 수 없으면 어떻게 될까? 다음과 같은 모습을 상상해보자. 부모는 아이를 억지로 깨워 일단 침대에서 일어나게 하는 데는 성공했다. 그런데 아이는 곧바로 방 밖으로 나오지 않고 침대에 걸터앉은 채로 움직이지도 않고 멍하니 있는다. 씻으라는 말을 여러 번 반복하면 그제야 잔소리를 못 이기고 욕실에 들어가 대충 손만 움직이면서 5분 동안 양치질을 한다. 얼른 나오라는 소리에 또 마지못해 고양이 세수를 하고 나와 겨우 식탁 앞에 앉으면 밥은 먹는 둥 마는 둥 하면서 휴대폰만 들여다본다. 어찌어찌 밥 몇 술을 겨우 먹인 다음 옷을 챙겨 입히고 학교에 보내면, 잠시 후 준비물을 두고 왔다고 다시 집으로 돌아온다. 매일같이 벌어지는 이런 일이 ADHD 자녀를 둔 부모에게는 마치 전쟁과도 같은 상황일 것이다.

아이의 머릿속에서는 정상적인 뇌 구조에서 작동하는 여러 일과의 동시적이며 순차적인 프로세스가 제대로 재생되지 않는다. 일을 계속하게 하는 안와전두엽, 일을 멈추게 하는 배측전두엽이 정상인처럼 원활하게 기능하지 않는다는 의미다.

이런 아이들은 약물 치료와 행동 치료를 적용해 증상을 호전시킬 수 있다. 약물 치료는 앞서 이야기한 집중력을 높여주는 신경전달물질인 도파민이 규칙적으로 일정량 분비될 수 있도록 돕는 치료법이다. 아이들의 집중력이 떨어지는 것은 의지의 문제가 아니므로 약물 치료를 통해 도파민 분비를 높이고 이것이 뇌에서 제대로 작동할 수 있도록 하면 주의력이 산만한 문제는 어느 정도 해결할 수 있다.

행동 치료는 아이들이 문제 행동을 일으킬 때마다 이를 교정해주는 방식으로 증상을 호전시키는 것이다. ADHD는 하루아침에 갑자기 생기는 질병이 아니다. 자라는 과정에서 오랜 기간 습관처럼 쌓인 행동에서 원인이 비롯되는 경우도 있기 때문에 잘못된 버릇을 바로잡아주고 아이들에게 자신감을 심어주면, 대인관계 능력도 회복될 수 있고 감정 표현도 올바르게 하는 방법을 배우게 된다. 따라서 이 두 가지 방식이 병행될 때 ADHD는 높은 치료 효과를 보이게 된다.

04
집중력을 가로막는 또 다른 문턱

부모의 비뚤어진 사랑-반응성애착장애
—

앞에서 알아본 우울증이나 ADHD는 대표적으로 우리가 흔히 알고 있는 주의력, 집중력이 떨어지는 문제들이다. 하지만 집중력이 감소하는 문제, 특히 아동에서 이런 현상이 두드러지는 이유는 그뿐만이 아니다. 여기에서는 ADHD처럼 보이지만, 실제로는 다른 문제를 안고 있는 사례들을 살펴보기로 하자.

첫 번째는 반응성애착장애다. 이는 부모와의 관계에

서 나타나는 문제로, ADHD와 발현되는 증상이 비슷하고 심한 경우에는 자폐처럼 보이기도 한다. 반응성애착장애를 겪는 아이들은 사회성이 전혀 없어서 낯선 사람과 대화하기를 어려워하고, 교우 관계에도 문제가 많으며 오직 부모에게만 매달리는 성향을 보인다. 마음에 들지 않는 일이 발생하면 어린아이처럼 갑자기 심하게 울면서 뒹굴다가도 순간적으로 울음을 뚝 그치고 멀쩡해지는 이상 행동을 보이기도 한다.

이런 아이들의 과거를 살펴보면, 부모와 아이가 애착 관계를 맺는 영유아기 때 상당히 불안정한 가족 환경이 형성되어 있던 경우가 많다. 엄마가 산후우울증을 앓아 신생아 시기의 아이를 잘 돌보지 못했거나 형제를 비롯한 가족 구성원이 많아 부모가 아이를 집중해서 돌보지 못하는 환경이 조성되었을 수도 있다.

특히 아이들이 세심한 정서적 돌봄을 받아야 하는 시기는 만 3세 전후로, 이때 부모와 건강한 애착 관계가 형성되지 않으면 아이가 어느 정도 성장한 뒤 뒤늦게 증상이 나타나기도 한다. 반응성애착장애 역시 ADHD와 마찬가지로 초등학교에 입학한 후에 발현되는 경우가 많다. 태어난 이후로 몇 년간 고착된 정서적 불안이 학교에 들어간 다음 부모와 분리되면서 더욱 심각한 애착장애로 발전하는 것이다. 증상이 나타났음에도 부모와의 애착 관계가 잘 형성되지 않으면 증상이 지속되는데, 이때 근본적인 원인을 파악하지 못한 채 아이를 ADHD라고 착각하고 약물 치료를 시작하면 증상은 호전되지 않는다. 전두엽 기능에 문제가 있는 ADHD와 달리 반응성애착장애는 호르몬 반응이 아니기 때문이다. ADHD라고 생각해서 약물 치료를 하는데도 증상이 나아지지 않는다면 반응성애착장애는 아닌지 한 번쯤 의심해봐야 한다.

아이들이 이처럼 관계에서 쉽게 불안정해지는 이유는 이 나이대에 옳고 그름의 통합적 시각을 갖기가 어렵기 때문이다. 이런 아이들은 얼핏 상당히 산만해 보인다. 무언가를 할 때, 조금 하다가 싫증을 내고, 또 다른 장난감을 찾는 행동을 반복한다. 이런 증상을 어린아이의 보편적 문제로 치부하고 제대로 치료하지 않은 채 방치하면 성인이 되었을 때 인간관계에서 쉽게 문제를 일으킨다. 우리가 흔히 '관계에 집착'한다거나 '애정결핍'이 있다고 하는 사람들이 바로 이런 유형이다. 이들은 다른 사람으로부터 끊임없이 관심받기 원하지만, 막상 누군가에게 사랑을 받으면 더 큰 애정을 갈구하고, 그러다 그 애정의 크기나 방향이 자기 기준과 다르면 서운해하며 화를 내기도 한다. 이런 사람은 대개 '불안하고 산만하며 성격적으로 대하기가 어려운 사람'이라는 평가를 듣기 마련이다. 이런 문제는 결국 어린 시절의 애착관계 부재에서 비롯된 고질적인 정서적 문제다.

반응성애착장애가 발생하는 가장 큰 이유는 '대상의 영구성과 대상의 항상성' 때문이다. 대상의 영구성이란 눈앞에 어떤 대상이 보이지 않더라도 그 사람이 존재한다는 것을 직감적으로 알고 있다는 개념이다. 하지만 나이가 어릴 때는 이러한 영구성을 인지하기가 어렵다. 예를 들어, 놀이터에 엄마와 함께 온 세 살짜리 어린아이가 노는 상황을 가정해보자. 아이가 한참 놀이에 빠져 있을 때는 엄마가 어디에 있는지 인식하지 못하다가 잠시 뒤를 돌아봤을 때 의자에 앉아 있던 엄마가 보이지 않으면 아이는 그때부터 극심한 불안에 시달린다. 아이에게 아무런 말도 없이 엄마가 사라지는 것은 엄청난 공포로 다가온다. 눈앞에 없는 엄마가 마치 이 세상에서 사라진 것 같다고 착각하기 때문이다.

대상의 영구성에서 비롯된 불안이 발생하는 가장 흔한 경우는 대체로 아이가 두세 살이 되었을 때, 엄마가 육아휴직을 마치고 직장에 복귀하면서 시작된다. 엄마와 떨어지기 싫은 아이가 어린이집에 등원하면서 울고 보채거나 출근하는 엄마를 붙잡고 놓아주지 않는 일도 비일비재하게 발생한다. 이런 상황을 마주하기 어려워하는 엄마는 아이가 잠든 틈에, 혹은 아이가 잠깐 한눈을 팔고 있을 때 몰래 가방을 들고 출근하기도 하는데, 이 상황이 아이의 애착장애를 만드는 시발점이 된다. 아이가 조금 더 나이를 먹고 대상의 영구성을 이해하기 전까지는 울고 보채더라도 상황을 설명한 다음 아이와 떨어지는 연습을 해야 한다. 그래야 아이는 엄마가 세상에서 영영 사라지는 것이 아니라 저녁 때 다시 자신을 만나러 온다는 것을 이해하고 납득한다.

두 번째, 대상의 항상성이란 앞에서 이야기한 통합적 시각과 연결되는 개념으로 늘 같은 태도를 견지하는 것을 의미한다. 부모는 아이에게 세상의 모든 일에는 좋은 것이 있으면 나쁜 것도 함께 있다는 것을 알려주면서 부모 역시 아이에게 잘해줄 때가 있으면 못해줄 때도 있는 다면적인 사람이라는 것을 설명해주어야 한다. 평소에 이런 내용으로 아이와 자주 대화하면, 나중에 아이를 혼낼 일이 있을 때도 마찬가지로 지금 혼을 내는 상황과 아이를 사랑하는 마음은 별개라는 것을 아이도 쉽게 이해하게 된다. 그렇지 않으면 아이는 엄마에게 혼나는 상황에 엄청난 공포심을 갖고 '혹시 엄마가 날 미워하는 게 아닐까'라는 생각을 할 수도 있다. 하지만 대상의 항상성이 있으면 '엄마가 지금은 나를 이렇게 혼내지만, 저녁때가 되면 밥도 챙겨주고, 다시 원래처럼 따뜻한 모습을 보여줄 거야'라고 예상할 수 있다. 그러면 혼나는 상황도 납득하고 받아들이며 부모와의 관계가 틀어지지 않는다.

이러한 대상의 영구성과 항상성은 부모와의 관계와 애착 문제에서 아이가 감정적으로 흔들리지 않고 객관적인 판단을 하는 데 굉장히 중요하다. 어려서부터 차근차근 쌓인 타인에 대한 신뢰는 아이가 성인이 되었을 때, 무슨 일이든 성공하거나 실패할 수도 있으며 설령 실패하더라도 더 열심히 노력하면 더 나은 상황으로 발전할 수 있다는 자신감을 불어넣어준다. 또 지금 당장 결과가 나오지 않아도 차선책을 선택해 실패를 무마할 수 있는 역동성과 임기응변 실력도 높여준다.

작은 실패에 금방 의기소침해지고 실망하며 좌절해서 술이나 마약처럼 자극적인 물질을 찾고 현실에서 도피하려는 어리석은 생각은 바로 이런 어린 시절의 애착 관계 부재에서 비롯되기도 한다. 물론 모든 중독 문제를 부모와의 관계 실패로 돌리는 것은 성급한 일반화지만, 중독 환자와 상담하다 보면 대상의 항상성과 영구성이 굉장히 결여된 모습을 자주 보게 된다. 그리고 타인과 건강한 관계를 맺지 못하고 끌려다니거나 반대로 집착하는 등 비정상적인 모습을 보이는 일도 많다. 이런 것이 어려서 자신에게 애정을 주는 대상에 대한 실망, 또 자신이 애정을 줄 수 있는 대상을 잃어버린 상황 등에서 시작될 수도 있다는 점은 반드시 명심해야 한다.

관계 맺기를 두려워하는 사람들-사회불안장애

오늘날에는 타인과 원만하게 관계를 맺지 못하는 사람들이 점점 늘어나고 있다. 모든 사람을 하나로 묶어 사회 부적응자라고 통칭하기에는 장애로 분류해야 할 만큼 심각한 어려움을 겪는 사람도 많다. 이 역시 공존장애의 한 유형으로, 이러한 관계 불안은 크게 사회불안장애와 분열성인격장애로 나뉜다.

사회불안장애를 겪는 사람은 겉으로 보여지는 불안정한 모습과는 다르게 내면에는 타인과 정상적인 대인관계를 맺길 원하는 마음이 숨어 있다. 하지만 상대방에게 섣부르게 다가섰다가는 금세 거절당할까 봐 아무에게나 선뜻 다가가지 못하고 주저한다. 실제로 몇 번 부정적인 관계 반응을 반복하다 보면 마음에 벽이 생겨 점점 더 새로운 인간관계를 맺으려는 시도조차 하지 못한다.

이들은 다른 사람이 자신을 면밀히 관찰하거나 자신이 부정적 평가를 받을 수 있는 사회적 상황에서 현저하고 심각한 공포와 불안을 느낀다. 조금 더 세분화해서 살펴보면 사회적 관계(대화, 낯선 사람 만나기), 관찰되는 것(음식을 먹거나 마시는 자리), 타인 앞에서 수행하는 행위(연설) 등에서 큰 어려움을 겪는다. 이들은 자신의 행동이 다른 사람에게 부정적으로 평가받거나 자신이 누군가와 관계를 맺는 과정에서 불안 증상을 보일까 봐 두려워한다. 여기에서 말하는 부정적 평가란 수치스럽거나 당황한 태도를 보이는 것, 다른 사람을 거부하거나 공격하는 듯한 행동을 보이는 것 등이 포함된다. 아이들의 경우, 성인과의 관계가 아니라 또래집단에서 불안감을 보일 때만 사회불안장애로 진단한다.

사회불안장애를 겪는 사람들은 내면에 좋은 관계에 대한 욕망이 자리하고 있다. 하지만 오프라인에서는 이를 충분히 충족하지 못하다 보니 온라인상, 특히 프로소셜게임이나 온라인 게임을 하며 자신의 관계에 관한 욕망을 채우려고 하는 경우가 많다.

반면 분열성인격장애는 스스로 타인과의 관계를 원하지 않는 유형이다. 누군가와 어울리기보다는 혼자 있는 상태를 선호하고, 태어날 때부터 어쩔 수 없이 맺어진 가족 이외의 사회적 관계는 아무것도 맺지 않는다. 그러다 보니 대체로 히키코모리, 즉 은둔형 외톨이처럼 방 밖으로 나가지 않은 채 혼자 지내는 경우가 많다.

이들은 모든 종류의 사회적 관계를 기피하고, 대인관계에서의 감정 표현 역시 제한적이다. 이들이 거부하는 사회적 관계에는 가족과의 관계도 포함되며, 연인이나 친구와 같은 친밀한 관계 역시 되도록 맺지 않는다. 그러다 보니 일차 가족 외에는 친한 주변 인물이 없는 경우가 대부분이다.

이들은 자신에게 즐거움을 주는 행동을 좀처럼 하려고 들지 않고, 대체로 무관심하고 반응이 없어 매사에 수동적·비자발적이며 단조롭고 활력이 없는 모습을 보인다. 무엇을 하든 혼자서 할 수 있는 행위를 선택하고, 다른 사람의 칭찬이나 비난에도 무감한 편이다. 이들의 사고 패턴은 단조로우며, 복잡하거나 다면적인 상황을 이해하지 못하고 모호하게 이해하는 수준에 그친다.

이와 관련해 우리 연구실에서는 사회공포증과 분열성인격장애 성향의 청소년들을 대상으로 오프라인과 온라인에서 사회성 인지행동치료(CBT, Cognitive behavioral therapy)를 실시했다. 이 실험은 총 6주 동안 진행됐는데, 온라인 참가군은 프로소셜게임(pro-social game)을 운영하는 방식으로 참여했다. 사회성이 부족한 청소년들이 게임에서 나를 대신할 아바타를 조작하고, 심리상담가 역시 게임 안에서 지도를 맡은 아바타를 조작하면서 사회 관계에서 벌어지는 칭찬, 의견 교환, 예절 등을 어떤 식으로 수행하는지 보여주었다.

같은 그룹이 같은 방식으로 단지 장소만 오프라인과 온라인으로 나눠 실험을 했을 때, 관계 맺기에 관한 치료 효과는 오프라인이 더 높았을까, 온라인이 더 높았을까? 놀랍게도 이 그룹에서는 온라인이 더 효과적인 결과를 보인 것으로 나타났다. 그 이유는 오프라인에서 인지행동치료를 진행할 때는 선생님과 직접 대면하는 것이 사회공포증이나 분열성인격장애를 가진 청소년들에게는 상당한 부담감으로 작용했기 때문이었다.

반면 온라인에서는 실제 나 대신 아바타를 조작하면서 관계 맺기를 시도하고, 사회적인 공포를 줄이면서 사회성을 높이는 활동을 적극적으로 할 수 있는 발판이 마련되었다. 사회 관계를 오프라인에서 직접 맺을 때 발생하는 불안감을 게임 속의 아바타가 청소년들을 대신해 수행하면서 게임을 청소년들의 직접적 사회관계 이전 단계 리허설로 사용한 것이다. 따라서 온라인 게임은 사회불안장애를 겪는 사람들이 많이 이용하고 있기도 하지만, 이를 잘 적용한다면 사회성을 일으키는 일종의 중간 단계 치료 방식으로도 효과적일 것으로 예측하고 있다.

우리 사회는 집중력에 관한 관심이 유난히 높으므로 공존 질환과 같은 설명을 들을 때는 마치 모든 지표가 자신을 가리키는 것처럼 여겨지기도 한다. 조금이라도 기분이 처지거나 무엇을 하고 싶은 의욕이 없으면 혹시 우울증이 아닐까 걱정하고, 주변이 산만하거나 무슨 일에든 잘 집중하지 못할 때는 ADHD가 아닐까 의심한다. 인간관계에서 건강한 관계를 맺지 못하고 삐걱거릴 때는 애착에 문제가 있는 사회불안장애가 아닐까 혼자 끙끙 앓기도 한다.

하지만 이러한 공존 질환이 실제 병적 상황으로까지 진단되는 경우는 흔치 않다. 누구나 살면서 우울해지기도 하고, 산만한 상태가 되기도 하며, 관계에 집착하는 순간도 맞닥뜨린다. 그러니 이런 성향에 너무 매몰되어 설령 내가 정신적 장애를 앓고 있는 것은 아닐까 걱정하기보다는 지금의 비정상적인 상태를 극복하고 어떻게 하면 다시 정상적인 심리 상태로 돌아올 수 있는지 집중하는 편이 낫다. 또한 이러한 성향을 보이는 아이의 부모라면, 아이와 충분히 대화하며 정말 공존 질환과 같은 문제가 있는지, 혹은 잠깐 지나가는 증상인지 파악하고 정말 문제가 있다면 병원에 방문해 하루라도 빨리 정확한 진단을 받아보는 것이 중요하다.

스토리텔링이 없다면 도박이다

—

자, 이제 이번 부를 마무리하며 다시 앞의 이야기로 돌아가 게임과 도박이 어떻게 다른지 결론을 살펴보자. 앞서 정의한 물질 관련 장애 설명에서 한 가지는 언급하지 않고 넘어갔다. 바로 도박 중독인데, 지금부터는 그 질환에 대해 간단히 설명하려고 한다.

도박 중독은 물질 사용 장애와 유사한 병적인 추구가 특정 행위(도박)에 대해서만 나타나기 때문에 물질 관련 및 중독성 장애에 속하게 되었다. 지금과 달리 과거에 도박 중독은 '충동장애'로 분류되었다.

WHO에서도 게임과 도박을 행위중독이라고 명명하며 같은 카테고리에 묶어두었다. 하지만 나는 이 문제를 다르게 판단해야 한다고 생각한다. 물론 게임과 도박은 마치 UI(User Interface)와 UX(User Experience)처럼 겉으로 보이는 증상은 거의 비슷하다. 하지만 속을 들여다보면 그것을 구성하고 있는 내용은 상당히 다르다는 것을 알게 된다. 가장 핵심적인 차이는 스토리텔링의 유무다. 게임에는 스토리텔링이 있어서 인지기능을 자극하는 반면, 도박은 리워드, 즉 보상 요구에만 많은 부분을 의존하고 있다.

이런 점은 일상에서도 나타나는데, 예를 들어 공부를 정말 열심히 하지만 성적이 오르지 않는 학생 가운데는 과정은 중요하게 생각하지 않고 결과에만 지나치게 집착하는 경우가 있다. 이런 학생은 스토리텔링보다는 리워드에만 신경을 쓰고 있는 것이다. 따라서 자신이 공부한 만큼 보상을 받지 못한다고 판단하면 공부를 쉽게 포기하고 금세 관심을 다른 곳으로 돌리기 마련이다. 결국 게임은 스토리텔링을 즐기는 과정이 포함되고, 도박은 돈을 따느냐 못 따느냐에만 초점을 맞추는 결과라는 차이점이 가장 핵심이다.

그럼에도 대부분의 사람이 게임과 도박을 비슷하게 여기는 이유는 네 가지 면에서 공통적인 특징이 있기 때문이다. 첫 번째 경우의 수(Randomization), 두 번째 현저성(Salience), 세 번째 돈(Money), 네 번째 충동 조절의 어려움이다.

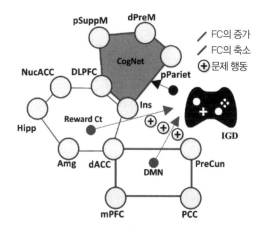

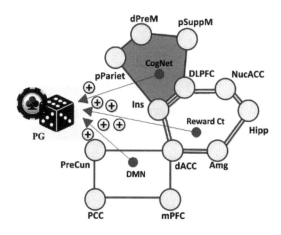

출처: Journal of Behavioral Addiction(2017)

즉, 게임이나 도박 모두 확률에 따른 랜덤 게임으로, 반복해서 게임에 집중하도록 현저성을 높이는 장치가 있고, 게임 머니 혹은 현금으로 보상 체제를 설정했으며, 충동 조절이 되지 않았을 때 일상생활이 불가능할 정도로 심각한 피폐성을 불러일으킨다는 공통점이 있다.

앞의 그림은 게임하는 20대 청년 스무 명과 도박하는 20대 청년 스무 명을 모아서 두 그룹의 뇌 MRI를 찍어서 비교한 것이다. 그 결과, 두 활동 모두에서 뇌 회로 가운데 아무것도 하지 않고 가만히 있을 때 활성화되는 디폴트 모드 네트워크(Default Mode Network)가 모두 활성화되는 것이 발견되었다. 다만, 게임을 할 때는 보상 기전이 활발하게 작동하지 않았지만, 도박을 할 때는 이 부분이 활발하게 작동했다. 또한 게임을 할 때는 인지 네트워크가 활발하게 작동한 반면 도박을 할 때는 이 부분이 오히려 저하되는 것으로 나타났다. 물론 이는 평범한 사람에 한해서 나타나는 결과이며 앞서 이야기한 것처럼 직업으로 게임 또는 도박에 참여하는 프로게이머나 프로겜블러에게는 해당되지 않는 결과다.

이처럼 게임과 도박을 했을 때 뇌에서 나타나는 결괏값이 다른 것만으로도 게임과 도박이 같은 카테고리로 묶일 수는 없다. 비록 겉으로 드러나는 UI/UX 시스템이 비슷하다 하더라도 뇌에서 자극받는 부위가 다르다는 것은 분명 사람의 인지 및 심리 상태가 다르다는 의미이기 때문이다. 물론 게임의 중립적 자극이 인지기능을 자극하다 보면 과정보다는 결과인 재미에만 반응하면서 게임 자체에 더 몰두하게 되는 경우도 있다. 그것이 바로 게임 과몰입으로 이어지는 길을 만드는 것이다. 하지만 게임이 자극하는 인지기능에 초점을 맞추면 마치 프로게이머처럼 전두엽을 활발하게 사용하면서 게임을 자신에게 긍정적인 방향으로 활용할 수도 있는 것이다.

중독과 몰입이 결정되는 핵심은 바로 이것이다. 결국 그 두 가지 가운데 몰입으로 가기 위해서는 인지 네트워크를 얼마나 자극해주느냐가 관건이다. 그리고 결과로 나타나는 보상보다는 그 과정에서 발생되는 재미에 얼마나 집중할 수 있느냐가 가장 큰 차이점이 되지 않을까 생각한다.

4부

몰입은
어떻게 설계되는가

▐▐▐▐▶

내가 만든 나의 재미가 아니라 남이 재미있다고 강요한 콘텐츠를

무분별하게 받아들여 정작 내가 능동적으로 만들어내는

창작물에서는 재미를 느끼지 못하게 된다.

이것이야말로 진정한 중독이 아닐까?

01
공부를 게임처럼 할 수 있다면

도파민은 공부를 할 때도 분비된다
—

지금까지 중독과 몰입은 어떤 공통점과 차이점이 있는지, 몰입할 때 우리의 뇌는 어떻게 작동하는지, 집중력과 관련된 공존 질환에는 어떤 것이 있는지 등을 살펴보았다. 하지만 이런 내용을 이론적으로 아는 것보다 더 궁금한 것은 실제로 좋아하지 않는 일에 어떻게 더 몰입할 수 있는지, 직장에서의 업무 혹은 부모나 보호자의 입장이라면 아이가 게임을 그만두게 하거나 게임만큼 공부를 열심히 하게 하는 방법이 과연 있을지가 아닐까 싶다. 지금부터는 청소년들의 공부와 게임을 예로 들어 그 내용에 관해서 이야기해보려고 한다.

전문가들과 함께 게임에 과몰입하는 청소년들이 충동을 조절하고 게임을 그만두게 하는 방법을 논의할 때 우스갯소리처럼 혁신적인 방안이라고 제안되는 것이 있다. 이 방법은 놀랍게도 비용이 거의 들지 않으면서 아이들이 빠른 속도로 게임에서부터 멀어지게 할 수 있다. 바로 게임을 학교 교과목으로 채택하는 것이다. 게임이 수업이 되고, 시험을 쳐서 점수를 받아내야 하는 과목이 된다면 아이들은 그날부터 게임을 싫어하게 될 것이다.

물론 농담이지만, 이 말을 바꿔서 이야기하면 '게임을 공부처럼 만드는 법'으로 재정의할 수 있다. 아이들은 왜 공부는 싫어하고 게임은 좋아할까? 얼핏 생각해보면 공부도 게임과 마찬가지로 어떤 퀘스트(문제 맞추기)가 주어지고, 이를 잘 해내면 보상(높은 성취감)이 따라 오는데 말이다.

조금 더 구체적으로 살펴보면, 게임과 공부에는 이뿐 아니라 또다른 공통점도 있다. 먼저 생물학적인 공통점이 있는데, 공부할 때와 게임할 때는 특정 중독 물질을 사용할 때와 마찬가지로 도파민이 분비된다. 심지어 그 양도 적지 않으며 놀랍게도 게임할 때보다 공부할 때 더 많은 양의 도파민이 나온다. 또한 행동학적으로 공부와 게임에는 일정한 규칙이 있고, 이를 잘 해내기 위해서는 열심히 연습해야 하며, 그에 따른 어떤 피드백이 있고, 성취감이 따라온다는 공통점도 있다. 인지적으로는 집중해야 하며, 조화 능력(coordination)과 멀티테스킹 능력이 좋을수록 잘한다는 칭찬을 듣는다.

그렇다면 이처럼 비슷한 점이 많은데, 공부에는 왜 몰입이 어려울까? 또 왜 많은 사람이 이유도 잘 설명하지 못하면서 무조건 게임 과몰입은 나쁜 것이라고 생각할까? 마약을 하면 뇌에서 도파민이 과다 분비되어 뇌를 파괴한다고 하는데, 그렇다면 게임할 때 나오는 도파민 역시 뇌를 파괴하는 것일까? 어디까지가 진짜이고, 어디까지가 가짜일까?

물론 공부에는 게임과 달리 강제성이 따른다. 이 점에 주목하면 게임도 공부와 마찬가지로 아이들에게 더 이상 흥미롭지 않은 대상이 될 수 있다. 지금부터는 공부와 게임의 차이점이 무엇인지 구체적으로 살펴보면서 실제로 공부를 게임처럼 만들 수 있는지 확인해보자.

게임에 나타나는 네 가지 심리 요소

음악에는 리듬, 멜로디, 하모니라고 하는 3요소가 있다. 연극도 희곡, 배우, 관객이라는 3요소를 갖춰야 극이 완성된다. 춤도 마찬가지다. 움직임, 무용수, 시각적 요소, 청각적 요소가 있어야 춤이라고 인정된다. 인간이 하는 활동은 어떤 것이든 공통된 특징과 규칙성이 있어야 그 활동이 특정 개념으로 정의된다. 이와 마찬가지로 게임에도 일정한 패턴과 규칙성이 있다.

이와 관련해 2014년, 우리 연구실에서는 문화체육관광부와 함께 게임의 특징을 파악하기 위한 게임 분석 모형 연구를 진행했다. 이 연구의 내용은 게임이 유저 입장에서 어떤 요인으로 이루어져 있는지, 이 가운데 무엇이 인지 및 심리적 기능에 따라 지속적으로 게임에 접속하게 만드는지, 또 어떤 요인이 집중력과 기분의 요소와 관련이 있는지 알아보는 것이었다. 이 연구의 궁극적인 목적은 아이들이 게임을 좋아하는 이유를 정확하게 분석하고 이러한 게임 분석 모형을 파악함으로써 게임 과몰입에서 벗어날 수 있는 방법이 무엇인지 알아내기 위함이었다.

실험 결과, 게임에서 나타나는 네 가지 심리적 요소를 유추할 수 있었다. 첫 번째, '목표(Goal)'가 설정되어 있다. 어떤 게임이든 달성해야 하는 목표가 있기 마련이다. 상대방과 싸워서 이기는 미션이 주어지는 경우도 있고, 퍼즐을 맞춰 문제를 해결하는 것이 미션이 되는 경우도 있다. 반복해서 스테이지를 깨는 것은 아니지만, 도시를 건설한다든가 어떤 인물을 만들어 키우는 시뮬레이션 형태의 게임도 있다. 유형은 다양하지만 목표를 달성해야 한다는 것만은 어떤 게임이든 모두 같았다.

두 번째, '규칙(Rule)'이 아주 명확하다. 모든 게임은 유저가 어떤 사람이냐에 상관없이 똑같은 규칙이 적용된다. 열 살짜리 꼬마가 할 때도, 70대 할아버지가 할 때도 시간, 빠르기, 난이도와 같은 규칙들은 동일하게 주어진다. 서바이벌 슈팅 게임을 예로 들어보자. 처음 게임을 시작하면 모두에게 한 자루의 총이 주어진다. 어떤 사람에게는 대포가, 또 다른 사람에게는 활이 주어지는 게 아니다. 시작점은 같고, 게임을 진행하며 능력치에 따라 레벨이 달라지면서 점점 캐릭터가 성장하고 무기도 업그레이드된다. 게임 안에서 전쟁이 시작되면, 모든 사람은 똑같은 에너지를 갖고 공평하게 싸운다. 단 한 명의 예외도 없다. 현실에서 어떤 사람인지는 게임에서 중요하지 않다.

세 번째, '피드백 시스템(Feedback System)'이 확실하다. 다시 어떤 서바이벌 슈팅 게임의 예를 들어보면 적을 한 명 죽였을 때 10점이 올라가고, 세 명을 죽였을 때는 30점이 올라간다. 성을 정복하면 스테이지를 클리어했다는 메시지가 뜨면서 금화가 쏟아진다. 이런 식으로 게임 내에서 미션을 완수했을 때 주어지는 보상이 빠르고 명확하게 나타난다. 이런 피드백은 두 번째 특징인 규칙과 마찬가지로 누구에게나 예외없이 주어진다.

마지막 네 번째, '자발적 참여(Voluntary Participation)'를 유도한다. 게임에 나타나는 앞의 세 가지 특징을 이유로 유저들은 게임에 자발적으로 참여한다. 모두가 평등한 규칙을 적용받으며 같은 목표를 달성하기 위해 노력하고, 이에 따른 명확한 피드백이 있다는 것이 큰 장점으로 작용하기 때문이다.

사실 우리가 하는 많은 활동에서 1~3에 따른 특징이 나타나면 누구에게서든 자발적 참여를 이끌 수 있다. 공부 역시 마찬가지다. 특정 대학 입학을 목표로 공부하는 학생이, 부모의 경제력이나 학력과 상관 없이 모두 같은 규칙이 적용되는 상황에서 공부하며, 이에 따라 자신의 목표에서 성공을 거둘 수 있다는 것이 보장되면 누구든 자발적으로 공부에 참여하게 될 것이다. 물론 현실에서는 공부든 일이든 환경에 따른 변수가 너무나도 많이 개입되고, 인간의 감정과 심리라는 가장 예측할 수 없는 불확실성이 끼어들기 때문에 게임과 마찬가지로 완벽히 공정한 규칙과 피드백이란 존재하기가 어렵다. 그렇기 때문에 공부는 열심히 노력해도 결과가 게임만큼 보장되지 않고, 남들보다 더 빨리 잘한다는 이야기를 듣고 싶은데, 여러 여건상 그럴 수 없는 사람들일수록 더욱 게임에 빠져드는 것이다.

뇌를 지루하게 만드는 결정적 차이

앞서 살펴본 것처럼 공부에도 게임과 같은 목표, 규칙, 피드백 시스템이 존재한다. 물론 완벽하게 공정한 시스템에서 모두가 똑같은 규칙을 전제로 공부하기는 어렵지만, 이론적으로는 공부에도 이와 같은 특징이 적용된다. 다음의 표를 살펴보자.

첫 번째 특징인 목표를 살펴보면, 게임과 공부는 둘 다 어느 정도 재미의 영역에 놓인다. 노력한 결과에 대한 피드백이 따라오므로 개인의 영광을 좇는다는 면에서

	게임	공부
목표	재미, 개인의 영광	대학, 개인의 영광, 재미
규칙	+	+
피드백 시스템	+++	++
자발적 참여	+++	---

도 동일하다. 사람에 따라서는 게임보다 공부에서 더 큰 재미를 느끼는 경우도 있고, 공부보다 게임에서 영광을 더 추구하는 경우도 있다. 중고등학생이라면 대체로 대학 입학이라는 목표를 가장 최우선에 두고 공부하게 될 것이다.

두 번째 특징인 규칙은 어떨까? 공부에도 나름의 규칙이 존재한다. 시중에는 어떻게 하면 공부를 잘할 수 있는지 알려주는 온갖 방법이 쏟아져 나온다. 영단어 빠르게 외우는 법, 수학 공식 쉽게 외우는 법, 오답 노트 잘 쓰는 법 등 성적을 올리기 위한 자신만의 비결을 공개함으로써 수익을 올리는 사람이 수없이 많다. 그중에서도 국어, 영어, 수학 등 기초 과목은 특히나 더 많은 방법이 난립한다. 이러한 비법 가운데 자신에게 잘 맞는 방법을 찾아 정답을 찾아가는 것이 바로 공부의 가장 큰 규칙이다.

세 번째 특징인 피드백 시스템도 마찬가지다. 공부를 열심히 하는 사람에게는 성적이 오른다는 보상이 따라온다. 다만 이러한 피드백은 게임만큼 명확하지는 않다. 아무리 공부를 열심히 해도 반드시 성적이 올라간다는 것이 보장되지는 않기 때문이다. 일이나 공부에는 게임과는 달리 영향을 미치는 변수가 많기 때문에 정확한 피드백이 반영되지는 않으며, 그 수준 역시 전교권에 손꼽힐 정도로 공부를 잘하는 사람이 아니라면 눈에 확연히 띄지는 않는다. 되레 공부를 잘 못하는 학생들은 공부를 열심히 했는데도 나쁜 피드백을 받는다고 느낄 때가 많다.

이처럼 게임과 공부는 비슷하면서도 특징에 따른 강도에는 어느 정도 차이가 있다. 그러다 보니 게임에서는 자발적 참여가 3포지티브(+++)인 반면, 공부에서는 3네거티브(---)로 현저하게 차이가 난다. 그만큼 공부에서는 자발적 참여를 끌어내기가 어렵다는 이야기다. 2부에서 이야기한 것처럼 사람은 전두엽에 자극을 받으면 어떤 대상에 집중하는 강도인 현저성이 올라가면서 자발적 참여를 유도할 수 있게 되는데, 데이터 정보값이 너무 무거우면 오히려 전두엽을 심하게 자극하면서 현저성이 떨어지고 뇌는 그 활동을 지루하다고 판단해 더 이상 하고 싶어하지 않는다. 이러한 대표적인 활동이 공부다.

결론적으로 게임과 공부의 가장 큰 차이는 자발적 참여를 유도하지 못한다는 데 있다. 따라서 공부를 게임처럼 혹은 게임을 공부처럼 만들려면 피드백 시스템이 확실하게 적용되도록 설정하고 자발적 참여를 유도할 수 있는 방안을 연구해야 한다.

공부 같은 게임의 가능성은 몇 퍼센트일까?

—

이처럼 공부에서 자발적 참여를 끌어내기 어렵고, 학생들이 게임에만 몰두하는 현상이 점점 두드러지자 한때 게임과 공부를 결합한 '학습용 게임'이 우후죽순처럼 등장하기도 했다. 게임에 비해 공부에서 부족한 재미와 피드백 요소를 확실하게 주는 방식으로 게임을 만들어 아이들이 스스로 학습하도록 하기 위함이었다.

결과는 어땠을까? 안타깝게도 대실패였다. 아이들이 게임을 하는 가장 큰 이유는 무엇보다 재미있기 때문이다. 쉽게 말하자면 '킬링 타임'이 목적이다. 게임을 하면서 어떤 의미와 메시지를 찾는 사람은 없다. 그저 지금 당장의 자극적인 요소를 찾아 재미를 충족시키면 그만이다. 그런데 학습용 게임은 게임의 기본 목적인 재미 요소를 충족시켜주지 못했다. 그러다 보니 유저 이탈 현상이 나타나는 게 당연했다.

앞에서 말한 네 가지 특징 이외에 추가로 다른 요소를 따져보면 게임과 공부의 차이는 더욱 두드러진다. 다

	게임	공부
스피드	+++	----
경쟁	+++	++
가족의 후원	--	++
불법적 요소로의 통로	실패	실패

음 표를 살펴보자.

첫 번째 항목은 스피드다. 게임은 3포지티브(+++)로 매우 빠른 속도를 나타낸다. 몇 가지 게임을 예로 들면, '리니지'와 같은 RPG(Role-Playing Game) 게임은 단시간에 게임이 끝나지 않고 며칠, 길게는 몇 달 동안 해야 할 만큼 장시간 시나리오를 수행하는 방식으로 이루어진다. 하지만 요즘 인기가 높은 '리그 오브 레전드' 같은 MOBA(Multiplayer Online Battle Arena) 게임은 불과 20~40분 사이면 결과가 나오기 때문에 스피드 면에서 상당히 빠른 호흡을 보여준다. 심지어 3분 만에 결과가 나오는 게임도 있다.

반면 공부의 스피드는 3네거티브(---)다. 몇 시간 공부하고 몇 문제를 맞추는 정도라면 빠르게 할 수 있지만, 학생의 입장에서 공부의 궁극적인 목표는 성적 향상과 대학 입학이다. 이를 달성하기 위해서는 적어도 몇 개월, 길게는 몇 년이라는 준비 시간이 필요하다. 청소년기에는 도파민을 분비하는 선조체가 발달하고, 이를 조절하는 전두엽은 미숙하다고 앞서 이야기했다. 그렇다면 이 시기의 아이들은 스피드에 예민하게 반응할 수밖에 없다. 그렇다면 속도 면에서 아이들이 공부보다 게임을 더 좋아하는 현상은 당연한 것이다.

경쟁 면에서는 의외로 게임은 3포지티브(+++), 공부는 2포지티브(++)로 게임이 공부보다 앞선다. 그 이유는 프로게이머가 되는 과정이 공부 못지않은 치열한 경쟁을 거쳐야 하기 때문이다. 앞에서 설명한 것처럼 거의 서울대 합격이나 의대 진학과 맞먹을 만큼 프로게이머가 되는 과정이 결코 공부보다 순탄하지 않다.

프로게이머가 되는 과정을 간단히 설명하자면 다음과 같다. 먼저 1차로 지역의 PC방에서 PC방 리그를 치러야 한다. 여기에서 순위권에 들면, 그다음으로는 예선

전에 진출하게 된다. 예선전을 통과하면 다시 프로게이머 드래프트에서 지명을 받아 프로게임단에 입단해야 한다. 가장 첫 단추인 PC방 리그만 해도 본선으로 올라가는 데 경쟁률이 300대 1에 달할 정도로 어마어마하다. 여기에 드래프트 지명이 20대 1가량 된다고 하니, 프로게이머가 되기 위해서는 약 6,000대 1의 경쟁에서 이겨야 한다는 계산이 나온다.

앞서 살펴본 프로게이머의 뇌 활동을 다시 한번 상기해보면, 그들은 게임하는 동안 선조체가 아니라 전두엽이 상당히 두꺼워진다. 즉, 엄청난 집중력으로 끊임없이 두뇌를 회전시키고 있다는 의미다. 게임 과몰입이 심해 상담소를 찾는 아이들이 말로는 프로게이머가 되겠다고 하지만, 정식 프로게이머가 아니라 연습생과의 대결에서조차 단 1승도 거두지 못하는 이유가 바로 여기에 있다. 프로게이머는 엄청난 연습으로 치열한 경쟁을 뚫고 올라온 이 분야의 톱클래스이기 때문이다. 연습생역시 적어도 수백 대 일의 경쟁을 뚫은 실력자들이다.

가족의 후원 면에서도 게임과 공부는 상반된 모습을

보인다. 흔히 아이가 게임을 한다고 했을 때 기뻐하며 기꺼이 도와주는 부모는 거의 없다. 간혹 아이가 게임에 특출난 재능을 보여서 지원해주는 경우가 있을 수 있지만, 대부분의 부모는 아이가 게임하는 것을 싫어하고, 그만하라고 말리는 편이다. 그와 반대로 공부는 부모의 시간과 재산, 모든 것을 동원해 지원하고 응원해준다. 그리고 부모와 자녀가 원하는 좋은 결과를 얻었을 때는 함께 기뻐하며 격려해준다.

따라서 게임과 공부를 같은 선상에 두고 집중력을 높이는 도구로 쓰기 위해서는 속도와 가족의 후원과 같은 부분에서도 어느 정도 평형을 이루어야 한다. 예를 들어, 평소에 잘 공부하지 않다가 갑자기 어떤 일을 계기로 공부하겠다고 마음먹은 아이가 있다면, 처음부터 본인의 집중력에 맞지 않는 무리한 계획을 세우기보다는 쉽게 달성할 수 있는 목표를 먼저 세우는 것이 좋다. 자리에 앉아서 두 시간 동안 한 번도 일어나지 않고 공부하겠다고 정하기보다는 40분 공부하고 15분 쉬고, 또 40분 공부하고 15분 쉬는 식으로 짧은 패턴을 설정하는 것이 효과적이다.

난이도 역시 처음부터 어려운 문제에 무리하게 도전하기보다는 쉬운 문제부터 접근해서 자신감을 먼저 되찾는 방법을 추천한다. 그러면서 스스로 동기부여를 얻고 가족을 비롯한 주변 사람들로부터 긍정적인 피드백을 많이 받게 된다면, 이때부터 조금씩 공부량과 시간을 늘리면서 좋은 결과를 얻어내고 가족의 지지와 후원을 이끌어내는 것이 현명하다.

02
중독과 몰입의 균형 찾기

프로세스 형태가 아니라 행렬 형태로
—

아무리 게임을 공부처럼 하는 방법을 고안한다고 해
도 실제 게임 과몰입에 빠진 아이들이 스스로 공부를
게임처럼 하게 되거나 게임을 공부처럼 하는 일은 거의
일어나지 않는다. 그러다 보니 내가 연구 초기에 그랬던
것처럼 여전히 몇몇 사람들은 게임을 질병의 틀에 게임
과몰입에 대한 해결책을 제시한다.

어떤 질병에 걸렸을 때, 대부분은 다음 그림과 같은

예방 ➤ 선별 ➤ 평가 ➤ 치료 ➤ 사후관리

과정을 거쳐 완치에 이르게 된다.

먼저 어떤 환자가 증상을 발견하고 병원에 방문하면 의사는 어떤 질환과 관련이 있는지 선별한다. 그다음 면담하면서 증상이 어느 정도로 나타나고 있는지, 그 외에 다른 증상은 없는지 문진, 청진, 촉진 등으로 파악하는 과정을 거친다. 다음으로 증상에 알맞은 물리적 또는 심리적 치료가 이어지고, 이후 제대로 치료가 됐는지를 추적 관리하며 또다시 같은 증상이 나타나지 않도록 관리하는 방법을 알려준다. 잘 알려진 질환이라면 선별 이전에 예방이 선행되는 경우도 있다. 이처럼 대부분의 의료 제도에서는 질병이 발견되는 순간부터 이와 같은 일직선상에서 치료가 이루어진다.

그런데 이러한 프로세스를 게임이나 스마트폰 중독과 같은 증상에 대입할 때는 정확하게 들어맞지 않고 오

류가 생겼다. 그렇다면 직렬 형태가 아니라 병렬 형태, 즉 동시에 여러 가지 치료 프로세스를 진행하는 방식으로 하면 어떻게 될까?

위 그림을 보자. 이 방식에서는 예방과 선별, 치료와 관리가 한 번에 이루어진다. 앞서 살펴본 직렬 방식이 질병 행태에 따른 대응이라면 이것은 문화 행태에 따른 대응으로 볼 수 있다. 게임 과몰입이나 스마트폰 과다 사용은 질병으로 분류하기에는 무리가 있다. 따라서 이와 같은 대응이 오히려 과몰입에서 빠져나오게 하는 데 더 큰 효과를 볼 수 있다.

눈에 보이는 현상에만 집중해서는 안 된다

━━

이 방식을 하나의 사례로 쉽게 설명해보려고 한다. 게임 과몰입에 빠진 어떤 아이가 부모님 손을 잡고 병원에 방문했다. 이 아이는 학교에는 꼬박꼬박 나가지만 틈만 나면 하루에 두 시간씩 게임을 한다. 이런 아이를 질병 행태에 맞춰 치료한다면, 먼저 게임을 하지 못하는 환경을 만드는 것이 예방이고, 게임을 못하게 지시하는 행위는 선별이 된다. 평가는 이 아이가 게임을 두 시간씩 한다는 사실이며, 치료는 실제로 게임을 하지 못하도록 막는 것이다. 마지막으로 사후 관리 역시 게임을 하지 못하도록 막는 것이 된다. 예방부터 사후 관리까지 모든 것이 아이가 게임을 하지 못하도록 강제로 막는 데만 초점을 맞추고 있다.

그런데 예방, 선별, 치료, 관리를 한꺼번에 한다면 아이가 게임을 하긴 하되 그 과정에서 불법적인 요소가 있는지, 이를 질병 관리 차원에서 해야 하는지, 아직 그런 단계가 아니라면 불법적인 요소의 활용 혹은 질병으로의 발전을 막기 위해서 지금 해야 할 일이 무엇인지를 종합적으로 살펴보게 된다. 지금 당장 눈에 보이는 하나의 현상에만 집중하는 것이 아니라 이 현상에 얽힌 여러 행태를 한꺼번에 측정할 수 있게 되는 것이다.

이때는 의사 한 명뿐 아니라 부모, 선생님, 심리상담사와 같은 여러 사람이 동시에 아이를 관리한다. 각각의 담당자는 한 가지 일만 책임지지 않고 역할에 따라 여러 가지 일을 동시에 맡는다. 부모는 예방, 선별, 치료, 관리에 모두 개입하며, 선생님은 예방과 관리에 관여한다. 심리상담사는 선별과 치료, 관리에 참여하고, 마지막으로 의사는 치료와 관리에 집중하게 된다. 실제로 내가 몸담고 있는 게임과몰입힐링센터에서는 이와 같은 방식을 채택해 다각도로 아이들의 게임 과몰입을 예방하고 치료한다.

물론 센터가 만들어진 초창기에는 시행착오를 겪었다. 게임 과몰입 역시 질병의 일종으로 파악하고 직렬의 프로세스 형태로 접근했다. 하지만 지금은 단지 게임을 못하게 하는 것이 아니라 불법적인 환경에 빠지거나 병적인 상태에까지 이르지 못하도록 예방하는 데 초점을 맞춰서 치료보다는 관리의 차원으로 프로세스를 설계하고 있다.

아이들을 병원에 데려온 부모님도 이 과정에서 심리적으로 훨씬 더 편해졌다. 이전에는 아이의 게임을 무조건 막아야 한다는 강박이 있어서 아이가 한 번이라도 게임을 하면 괴로워하고, 하지 않으면 마음을 놓는 상황이 끊임없이 반복됐다. 하지만 이제는 아이가 게임을 하더라도 더 심각한 상황으로 치닫지 않고, 어느 정도 조절할 수 있게 되면 그것만으로도 만족하는 수준에 이르렀다. 그리고 치료를 행렬 형태로 바꾸면서 '중독이 아니라 몰입'으로 가는 방법에 대한 힌트도 얻게 되었다.

끊어내는 용기

—

우리는 몸이나 마음에 어떤 증상이 나타나면 이를 병으로 규정하고 그 상황이 절대 발생하지 않도록 노력하면서 증상을 완전히 없애야 한다고 생각한다. 하지만 마음을 바꿔서 어떤 증상이 극단적으로 병적인 상황이 아니라면 합법적인 테두리 안에서 서서히 완화해가는 것이 오히려 자신이 좋아하는 일에 몰입할 수 있는 하나의 방책이 될 수 있다.

게임과몰입힐링센터가 처음 문을 열었을 때, 게임 과몰입이 심한 아이들은 입원 치료까지 필요할 정도로 증상이 심각했다. 어떤 아이는 화장실에 다녀오는 시간조차 아까워서 페트병을 옆에 두고 게임을 할 정도였다. 이런 아이들은 상황이 워낙 좋지 않았으므로 센터에서도 극단적인 조치를 취해 마치 품행장애를 가진 비행 청소년들을 대하듯 강제로 규칙적인 생활 계획표를 짜서 치료를 진행했다. 부모로부터 아이를 분리하고 교화하는 방식이었다.

하지만 결과는 오히려 더욱 나빠지기만 했다. 처음에는 아이가 규칙적인 생활에 어느 정도 적응하는 듯 보이면서 상태가 좋아지는 것 같았다. 그래서 입원 치료를 끝내고 집으로 돌려보내면 또다시 게임 과몰입에 빠지는 상황이 반복되었다. 이렇게 입원과 치료, 퇴원을 반복하다 보니 아이와 부모, 의료진까지 모두 지쳐서 결국 치료를 포기하는 지경에 이르는 때도 있었다.

　이런 일을 여러 차례 경험한 다음부터는 작전을 바꿨다. 강제 규칙이 아니라 아이 스스로 자발적 규칙을 만들도록 유도했다. 병동에 입원한 아이에게 스스로 시간표를 짜게 하고 이를 잘 지키면 동그라미, 제대로 못 지키면 엑스, 보통이면 세모로 표시하도록 하고, 동그라미가 일정 수준 이상이 되면 퇴원을 논의하는 방식으로 바꾼 것이다. 결과는 어땠을까?

　처음에 대부분의 아이는 규칙을 설정하는 것조차 어려워한다. 구체적으로 시간표를 짜기보다는 일어나기, 자기, 밥 먹기 정도로 간단하게 규칙을 설정하는 아이도 있다. 이 정도라도 잘 지키면서 상담을 병행하면 아이들은 점점 자신감이 올라가게 되고, 스케줄 표에 다른 내용들도 하나씩 채워 넣기 시작한다. 예상치 못하게 독서를 넣거나 병동 내에 있는 탁구장에서 운동하기를 쓰기도 한다. 심지어 간호사 선생님과 대화하는 것을 목록에 쓰는 아이도 있었다.

이런 방식이 아이들의 예후에 훨씬 더 긍정적인 결과를 가져왔다. 이처럼 게임 과몰입은 품행장애와 같은 치료 개념보다는 관리로 접근하고 여기에 더해 앞서 설명한 공존 질환을 염두에 두고 ADHD, 우울증 치료를 병행해야 한다. 나아가 부모와 아이의 관계 및 개념 재정립도 시도한다면 더욱 효과적인 결과가 도출될 수 있다.

03
궁극적인 치료의 목적,
자존심의 회복과 독립심

성숙한 성인이 되기 위한 첫걸음, 독립

어떤 질병이든 마찬가지지만, 중독 역시 하루아침에 증상이 금세 회복되지 않는다. 인내심을 가지고 꾸준히 치료해야만 목표대로 회복할 수 있다. 이 과정에서 가장 중요한 것은 눈에 보이는 증상을 치료하는 것은 물론, 환자의 자존심을 회복하고 독립심을 고쳐시키는 것이다. 이로써 중독에서 벗어나 몰입이라는 새로운 삶으로 나아가는 길을 터줄 수 있다.

게임이나 스마트폰 중독으로 일상생활이 흐트러진 학생들이 부모님과 함께 센터를 찾아올 때, 내가 문제 해결을 위한 중요한 선결 과제로 제시하는 것 중 하나가 '아이를 심리적·물리적으로 독립시킬 것'이다. 처음 이 말을 들으면 대부분은 무슨 말인지 잘 이해하지 못한다. 그저 아이를 집 밖으로 내보내면 된다는 의미인지, 아무 것도 손을 쓰지 말고 방치하라는 의미인지 헷갈려하기도 한다.

여기서 말하는 독립은 아이가 스무 살이 넘은 성인이 되었을 때 스스로 돈을 벌게 하고 경제적·심리적으로 모든 일을 완전히 홀로 할 수 있도록 자립심을 길러주는 것을 의미한다. 부모가 아이의 주거비, 생활비, 기타 비용을 모두 대주면서 물리적으로 떨어지기만 하는 것은 안 된다. 이런 지원하에서의 독립은 오히려 아이가 부모의 눈을 피해 방탕한 생활을 하도록 돕는 셈이나 마찬가지다.

부모는 아무리 걱정되더라도 정서적·경제적인 문제에서 손을 떼야 한다. 자꾸만 아이의 삶에 부모가 개입해왔기 때문에 자녀는 청소년기에 하던 방황을 스무 살, 심지어 서른 살이 넘어서도 벗어나지 못하는 것이다. 모든 사람은 자라면서 독립할 수 있는 기회를 적어도 한 번은 만나게 된다. 그런데 이때 부모가 먼저 나서서 그 환경을 막아버리면 아이의 독립심은 꺾인다. 그러면 아이는 몸만 자란 채 정신적으로는 미성숙한 어른아이로 전락하는 것이다. 정말 마음이 아프더라도 독립할 나이가 된 아이에게는 그 기회를 제공해주는 것 역시 부모가 해야 할 일이다.

바닥으로 떨어진 자존감 끌어올리기

한편 게임 과몰입에 빠진 청소년들의 심리 검사를 해보면 가장 밑바닥에 자존감이 깔려 있는 것을 보게 된다. 이들 가운데 공존 질환으로 ADHD를 앓는 아이들은 지능 검사에서 또래에 비해 높은 점수를 나타낸다. 그런데 막상 시험을 치르면 성적이 하위권에 자리하고 있다. 집중력이 떨어지고 주의가 산만하다 보니 다른 활동에서도 두각을 나타내지 못한다. 무엇 하나 잘하는 것이 없다 보니 늘 친구들보다 뒤떨어진다는 핀잔만 듣는다.

그러다 게임을 시작하고 현실에서 벗어난 판타지 세상 속에서 처음으로 잘한다는 칭찬을 들으면, 이 아이는 그때부터 낮아져 있던 자존감이 급상승한다. 이 상태로 시간이 흐르면 일상생활에서의 자존감은 계속해서 더 떨어지고, 온라인상에서의 자존감만 상대적으로 올라가기 때문에 현실에서 점점 벗어나 게임 세계에만 매몰될 수밖에 없다. 이런 상황은 정상적인 일상생활의 회복에서 계속 멀어지게 할 뿐이다.

이럴 때 아이가 현실로 돌아오게 하기 위해서는 현실에서 낮아진 자존감을 다시 회복하도록 도와주어야 한다. 그중에 가장 중요한 것은 현실 파악이다. 지능 검사에서 높은 점수를 받았더라도 늘 다른 사람에게 뒤처지는 상황을 겪었던 아이는 자신이 게임 세상 밖에서 무언가를 잘할 수 있다고 생각하지 않는다. 이럴 때는 아주 사소한 것이라도 아이의 장점을 파악해 계속해서 칭찬해주어야 한다. 예를 들어, 아이의 지능 지수가 높다면 "넌 머리가 좋은데, 지금 ADHD나 우울증 같은 병 때문에 이런 장점을 잘 활용하지 못하는 것뿐이야"라거나 "잘 치료해서 집중력이 지금보다 조금만 더 높아지면 우울감도 낮아지고 성적도 올라갈 수 있어"라는 식으로 희망을 안겨주는 것이 좋다.

이런 식의 피드백에서 약 70퍼센트의 아이들은 이 말을 신뢰하고 잘 따라와준다. 물론 이런 격려를 완벽하게 믿지 못하고 갈팡질팡하는 아이나 그런 말을 하든 말든 신경 쓰지 않고 원래대로 행동하는 아이도 있다. 하지만 의외로 많은 아이가 현재 자신의 삶에 문제가 있다는 사실을 깨닫고, 이를 개선하기 위해 노력한다. 단지 지금까지는 방법을 모르고, 현실에서 도망가고 싶은 마음이 컸을 뿐이다.

이렇게 다시 새로운 삶을 위해 도전하는 아이들은 치료가 점점 진행되면서 자존감이 회복되면 놀라울 정도로 일상이 달라진다. 이전과 같은 사람이라고는 생각할 수 없을 만큼 바른 생활을 실천하고 덕분에 성적이 올라가고 목표하는 대학에 들어가기도 하며 꿈과 목표를 세우는 등 삶을 진지한 태도로 대하게 된다. 따라서 이러한 자존심의 회복은 정신 치료의 핵심 목적이다.

잃어버린 독립심을 되찾는 두 가지 방법

—

독립심과 자존심을 세우기 위한 방법은 크게 두 가지로 나뉜다. 첫 번째는 공존 질환 관리다. 이 내용은 3부에서 자세하게 다루었으므로 여기에서는 두 번째 방법인 대안 활동, 즉 규칙적인 생활의 중요성만을 짚고 넘어갈 것이다.

게임 과몰입에 빠진 아이들은 시간을 잘 통제하지 못한다. 상담에서 하루에 10시간이 넘게 게임하는 아이에게 강조하는 것도 게임하는 시간을 줄이되 띄엄띄엄하지 말라는 것이다. 예를 들어, 게임하는 시간을 세 시간으로 줄이기로 했다고 가정하고 이 시간을 한꺼번에 활용하지 않으면, 조금씩 나눠서 일상의 틈을 계속해서 파고들게 된다. 하교한 직후에 한 시간, 저녁 먹기 전에 한 시간, 또 잠들기 전에 한 시간 이런 식으로 게임을 하기 때문에 정해진 만큼만 하기도 어려울뿐더러 부모 입장에서는 아이가 하루 종일 게임하는 것처럼 보이게 된다.

따라서 게임하는 시간을 마치 학원 가듯 일정하게 정해두면 다른 일상생활도 규칙성을 갖고 돌아갈 수 있다. 그리고 그 시간에 게임뿐 아니라 모든 온라인 활동, 즉 인터넷 서핑을 하거나 동영상을 보는 것 등도 다 포함하도록 한다. 이렇게 해서 아이들에게 시간표를 짜라고 이야기하면 이후에 아이들의 행동 패턴은 다음과 같은 흐름으로 나눠진다.

첫 번째, 컴퓨터 사용 시간을 자신이 정한 대로 잘 지키는 아이들이다. 이런 아이는 자신이 정한 그 시간 안에 컴퓨터를 활용해서 해야 하는 모든 일을 되도록 끝내려고 노력한다. 전체의 약 4분의 1의 아이가 여기에 포함된다.

두 번째, 스스로 자신이 정한 시간을 잘 지키지 못하

고 다시 상담을 진행하는 아이들이다. 이런 아이들은 규칙적인 생활에 익숙하지 않기 때문에 강제성을 도입해야 한다. 이때 극단적으로 와이파이 전원을 차단하는 방법을 사용한다. 이 방법으로 다시 규칙적인 생활에 적응하는 아이 역시 전체의 4분의 1 정도다.

세 번째, 와이파이를 차단하는 조치를 취했을 때 과도한 폭력성을 보이는 아이들이다. 이런 아이는 전체의 절반가량인데, 이럴 때는 오히려 상황이 나쁘게 치달을 수 있기 때문에 자발성을 부여하기보다는 입원이라는 적극적인 치료가 필요하다. 입원 치료로 증상이 좋아지는 아이는 그 가운데 절반이다.

나머지 25퍼센트의 아이는 자신이 싫어하는 일을 강요한다고 생각해서 강하게 거부하다가 결국 치료를 포기한다. 그렇지만 약 75퍼센트의 아이는 이러한 순차적인 과정을 거치면 점차 증상이 호전되기 때문에 일단은 치료를 시도하면서 상황에 맞게 방법을 바꿔나가는 것이 좋다.

여기에서 처음부터 입원이라는 적극적인 조치를 취

하지 않고 먼저 아이가 자발적으로 노력하도록 유도하는 이유 역시 아이들이 독립심과 자존감을 높이도록 하기 위함이다. 첫 번째 방법에서 곧바로 성공하는 아이들은 이후에 남은 치료 경과도 나머지 아이들에 비해 훨씬 더 좋으며 게임, 미디어 과몰입에서 빠르게 벗어날 수 있다.

이렇게 해서 일상의 규칙성이 회복되면, 무엇보다 가장 먼저 부모의 태도가 달라진다. 아이들에게 하던 잔소리가 줄어들고 일상적인 대화가 가능해지면서 갈등을 일으키지 않게 되어 아이와의 관계가 회복된다. 그러면 부모가 아이를 바라볼 때 이전과 같은 상황에서도 긍정적으로 판단하는 일이 늘어나고 감정을 섞은 부정적인 말은 적게 하게 된다. 아이에게 사소한 칭찬을 하는 일이 점점 늘어나면 아이 역시 자존감이 회복될 수 있다.

이것이 바로 행동 교정의 긍정적 선순환이다. 그리고 여기에서 규칙적 활동의 틀을 유지하게 하는 것이 대안 활동이다. 흔히 부모들은 게임 과몰입을 해결하기 위한 대안 활동으로 게임 시간을 줄이고 공부 시간을 늘릴 목적으로 학원에 보내길 원하는 경우가 있지만 이것은 너무나도 성급한 판단이다. 물론 종종 아이 스스로 학원에 감으로써 게임 과몰입에서 벗어나길 원하는 사례도 있다. 하지만 그렇다고 하더라도 공부가 목적인 학원보다는 미술, 체육, 음악, 코딩처럼 취미에 가까운 활동들을 선호한다. 그래서 일단 온라인이 아닌 오프라인에서 자신들이 학원을 방문하고, 몸을 쓰는 대안 활동을 생활 계획표에 꼭 끼워두는 것이다.

04
새로운 시대, 몰입의 재탄생

숏츠와 예체능, 그리고 인문학
—

지금까지 게임과몰입힐링센터를 운영하며 인터넷 게임 사용장애의 진단 기준에 문제가 있다는 이야기는 관련 전문가와 기관에 여러 차례 건의했다. 게임으로 인한 부작용이 없다는 말이 아니라, 공존 질환이나 아이와 부모의 관계 회복과 같은 근본적인 문제를 놓치고 게임하는 행위 자체만을 억제하려는 태도가 가장 큰 문제였다. 하지만 이보다 더 큰 문제는 바로 진단 기준이 급

속히 발전하고 변형되는 온라인 콘텐츠에 대응하지 못한다는 것이다. 과거 진단 기준을 만들 때는 온라인 콘텐츠에서 가장 큰 문제가 된 것이 게임이었기 때문에 인터넷 사용장애를 게임 하나로 대표해 인터넷 게임 사용장애로 정의해왔다.

하지만 이제는 상황이 달라졌다. 2020년부터 2023년까지 진행된 게임문화재단의 인터넷 리터러시 교육 자료를 보면, 인터넷 사용 콘텐츠 중 청소년층에서 가장 흔하고 중요하게 사용되고 있는 콘텐츠는 이제 게임에서 유튜브를 포함한 OTT(Over-the-top media service)로 점차 넘어가서 2021년부터는 OTT가 가장 선호하는 콘텐츠가 되었다. 따라서 이제는 온라인 콘텐츠와 관련한 문제를 인터넷 게임 사용 장애로 통칭할 수는 없다. 오히려 OTT 시청 장애로 부르는 게 더 합리적으로 보일 정도다. 물론 OTT 시청 장애로 진단 기준을 마련하는 동안 아이들의 문화는 또 바뀔 것이다. 실제로 최근에 외래 진료를 방문하는 청소년층에서 스마트폰 과몰입에 빠지는 가장 큰 이유가 OTT 콘텐츠 시청, 특히 재미있는 장면만을 짧게 편집해 모아놓은 숏츠라고 말하는 아이들이 많았다.

10년 전, 우리는 너무나도 당연하게 한 시간짜리 예능 프로그램을 다운로드받아서 시청했다. 그러다 유튜브가 유행하면서 이를 10분으로 짧게 편집한 영상을 보는 것이 대세가 되었다. 그리고 그마저도 몇 년 지나지 않아 시청 시간은 더 짧게, 자극은 더 높인 15초에서 1분짜리 숏츠 혹은 짤이 그 자리를 꿰차고 있다.

엄청난 양의 영상 홍수 속에서 알고리즘은 신기할 만큼 내가 관심 있는 숏츠만을 선별해서 보여준다. 관심 영상을 단 하나만 시청해도 여기에 연결된 수십, 수백 개의 영상이 추천되는 시스템이 이미 갖춰져 있다. 나의 관심도에 자극적인 요소까지 더해지면 한두 개만 보고 끄려던 마음은 어느새 사라지고 몇 시간이 훌쩍 지나버리고 만다.

이런 문화적·기술적 환경에 따라 변하는 상황을 단지 중독이라고 정의하고 과거의 기준과 치료법에 따라 대처하는 것은 너무 진부한 방법이 아닐까? 오히려 인터넷과 디지털 문화의 특징을 알아내고 이것의 장단점을 파악해 올바르게 사용하는 방법을 제시하는 것이 진단 기준과 의학적 정의를 내리려는 속도보다 몇 십 배나 빠르게 흘러가는 문화적 현상을 극복할 수 있는 방안이 될 것으로 생각한다.

그럼 이처럼 변화무쌍한 인터넷 혹은 디지털의 특징을 볼 때, 이를 올바르고 건전하게 사용하는 몇 가지 방법을 생각해보자. 첫째, 숏츠든 게임이든 콘텐츠를 대할 때 가장 중요한 요소는 '상상력'이다. 몇 년 전, 유명 게임 회사의 전(前) 대표님과 오래 대화를 한 적이 있다. 그때 그분으로부터 정말 재미있는 말을 들었다. 내가 "대표님, 게임을 정말 재미있게 만들려면 어떻게 해야 하죠?"라고 묻자 대표님은 "'사람에게 상상하고 생각하게 만드는 것'이 재미있는 게임이죠"라고 답했다. 그래서 "그럼 얼마나 그래픽이 화려하고 스토리가 탄탄해야 지금 같은 UI/UX가 고도로 발달한 시대에 재미있는 게임이 될까요?"라고 재차 질문하자 "사람의 상상력을 자극하는 것은 꼭 양질의 그래픽이나 스토리텔링이 아닙니다. 단 한 줄의 문장이라도 한 사람의 상상력을 최대한 끌어낸다면 그것이 바로 최고의 게임 제작이라 할 수 있습니다"라는 멋진 대답이 돌아왔다.

우리는 이미 이 한 줄의 문장이 가진 힘을 알고 있다. 중고등학교 때 그렇게 외우기 싫어하던 김소월 시인의 「진달래꽃」 한 구절 '나 보기가 역겨워 가실 때에는……'에는 죽어도 님을 보내기 싫어하는 마음이 담겨 있다는 사실을 이제는 외워서가 아니라 감각적으로 알고 있다. 그리고 나의 상황과 상태에 따라 시 한 소절에 자신의 감정을 이입하기도 한다. 니체가 이야기한 '신은 죽었다'라는 문장 역시 마찬가지다. 이 한 문장을 읽었을 때 사람마다 자신이 놓인 상황을 생각하며 수많은 해석을 내리기 마련이다.

문장이 가지는 힘은 인문학이 수백년, 수천년 인류의 집단 무의식을 반영해 쌓아 올린 강력한 상상력의 집약체인 것이다. 3000년의 인문학이 어쩌면 30초짜리 숏츠의 재미를 대신할 수 있는 한 방안이 되지 않을까 하는 흥미로운 상상을 해본다.

내가 즐기는 게임이나 숏츠가 긴 시간 재미와 흥미를 끄는데, 그것이 이미 시청한 것과 같은 내용과 형식을 반복하고 있다면 그 콘텐츠는 삭제하거나 건너뛰는 것이 좋다. 내가 무한 모방하는 내용의 숏츠를 보고 있다면 그것은 나의 인지 능력을 낭비하고 있는 것이다. 산을 오르내리고, 새로운 조깅 코스를 개발하며 다양한 방식으로 즐겁게 달리기를 하는 것이 아니라, 한 평짜리 방 안에서 하루 종일 뱅뱅 돌며 스스로는 조깅을 하고 있다고 착각하는 것과 마찬가지다. 심지어 이 방이 지겨우니까 옆 방으로 가서 또 그 방을 뱅뱅 돌고 있다면, 그것은 즐거운 운동이 아니라 무의미한 체력 낭비에 불과하다. 진정한 조깅이란 그저 달리기를 해서 신체가 튼튼해지는 것 이외에 내가 보는 풍경과 달리기의 코스들이 주는 감흥과 상상력을 맛보는 것까지 포함되는 일 아닐까?

2022년 미술치료 뇌 연구에서 대학생들에게 똑같은 그림을 도화지와 패드에 그리게 하는 실험을 했다. 놀랍게도 똑같은 그림을 그리는데도 도화지에서 그릴 때가 패드에 그릴 때보다 뇌의 더 많은 영역이 활성화되었다. 이는 학생들이 도화지로 그릴 때, 재료의 재질과 조화에 대해 더 많은 상상을 하고 있다는 뜻이다.

둘째, 인간의 인지 능력이나 행동은 능동성과 수동성이 조화를 이루어야 한다. 그래야 '소비'가 아닌 '발전'이 있다. 숏츠의 무한 시청은 남이 만든 짧은 재미를 수동적 자세로 받아들인다는 것이 가장 큰 문제점이다. 내가 만든 나의 재미가 아니라 남이 만들어낸 콘텐츠를 무분별하게 받아들여 정작 내가 능동적으로 만드는 창작물에서는 재미를 느끼지 못하게 된다. 이것이야말로 진정한 중독이 아닐까?

이런 상상력과 능동성을 키우기 위해 인류는 긴 세월 동안 노력해왔다. 그리고 그것을 음악, 미술, 체육, 철학, 역사 등 다양한 예체능 및 인문학적 방법으로 표현했다. 물론 게임 및 영상을 현대사회의 예체능과 인문학이라고 보는 학자들도 많다. 하지만 게임이나 숏츠는 기존의 예체능 및 인문학과 비교할 수 없을 만큼 무한한 속도로 달려가고 있다. 그래서 게임문화재단과 게임과몰입

센터에서는 인간이 따라잡을 수 없을 만큼 빠른 속도로 달려가는 콘텐츠를 붙잡으려는 아이들을 잠시 진정시키고 상상력과 능동성을 키우기 위해 예체능 치료를 실시했다. 개인의 특성에 따라 음악, 미술, 체육의 효과에는 차등이 있었지만, 전반적으로 놀라운 결과를 가져왔다. 청소년들의 무모한 인터넷 게임 패턴은 줄어들고, 개인의 자긍심은 높아졌다. 게임이나 스마트폰의 사용만큼 청소년들은 이 활동에 흥미를 느꼈고 자기가 뭔가를 하고 있다는 완성감 및 성취감도 따라왔다. 비록 어쭙잖게 만든 미술 작품, 자작곡이었지만 내가 만든 나만의 미술품, 노래 등의 창작품을 보면서 잃어버렸던 자긍심을 충족시킨 것이다.

기능성 게임과 디지털 치료제

―

지금까지 게임 과몰입, 스마트폰 중독과 같은 문제를 해결하기 위한 의학적 치료 및 규칙적 생활과 같은 대안 치료를 살펴보았다. 이러한 문제를 지속해서 연구하다 보니 IT가 인간의 뇌와 일상생활에 미치는 영향까지 파악하는 단계에 이르렀다.

이를 위해 크게 기능성 게임과 디지털 치료제를 개발하기 위해 노력하는 중이다. 먼저 기능성 게임이란 게임의 주요 목적인 오락성보다는 특별한 목적을 의도로 설계한 게임을 말한다. 앞서 '게임을 공부처럼 만드는 법'에서도 잠깐 설명했는데, 게임에 공부 요소를 넣는 것도 기능성 게임의 일종이다. 물론 이러한 시도는 실패로 끝나는 경우가 많았다. 게임의 목적이 재미이므로, 다른 요소를 넣어 목적성을 흐트러뜨리면 게임을 하는 이유가 사라지기 때문이다.

우리나라에는 세계 4대 게임쇼의 하나인 '지스타(G-STAR) 게임쇼'가 1년에 한 번씩 부산에서 개최된다. 여기에는 대부분 오락성 게임 업체가 참여하지만, 최근에는 한 켠에 기능성 게임관이 따로 마련되고 있다. 여기에서는 특히 치매와 관련된 게임이 많이 소개되는데, 매년 새로 출시되는 게임만 해도 약 10여 종에 이른다.

문제는 어느 병원에서도 이런 게임을 잘 활용하지 않는다는 것이다. 환자에게 사용했을 때 효과가 없기 때문이다. 디자인도 세련되지 않을뿐더러 의료진과 함께 만든 게임이 아니므로 신뢰도도 떨어진다. 이런 게임은 대체로 IT 기업이나 공대 연구소에서 개발되는 경우가 많다. 정작 임상에서 일하는 의료진들에게는 자문 정도만 구할 뿐, 연구 단계에서부터 함께 참여하는 경우는 드물다. 그러다 보니 이 게임을 의료 현장에서 적용해도 당연히 치매 증상이 호전되는 데는 아무런 영향을 미치지 않는다. 그럼에도 이러한 기능성 게임을 개발하려는 시도는 계속되고 있다. 이제는 교육뿐 아니라 건강, 홍보, 경영, 의료 광고, 복지 등 점점 더 다양한 범위로 확장되는 추세다.

기능성 게임의 효과가 떨어지다 보니 게임이라는 특성을 유지하면서 다른 목적을 위해 개발하는 것보다 처음부터 의학적 혹은 질병을 예방, 관리, 치료하기 위해 환자에게 근거 기반의 치료제 개입을 제공하는 소프트웨어 의료 기기의 개발이 더욱 각광받고 있다. 이것이 바로 디지털 치료제다.

초기에는 디지털 임파워먼트(Digital Empowerment), 즉 기존의 의학적 치료에 디지털 앱이나 도구를 추가해 보조적인 역할을 하는 정도로 시작되었지만, 기술이 발전하면서 항우울이나 항불안 효과가 있는 앱이 개발되고 있다. IT 기술이 새로운 형태의 치료제로 작용하게 된 것이다.

우리 연구실에서는 현재까지 ADHD 치료 게임, 유방암 환자의 약물 순응도를 올리기 위한 게임, 공황장애 치료 게임, 자폐 성향 어린이의 집중력과 사회성을 올리기 위한 게임, 게임 과몰입을 치료하기 위한 게임을 개발했다. 이런 앱은 기존에 사용하던 책 형태의 매뉴얼 대신 게임 형식으로 상상하며 치료에 접근하는 새로운 방식이다. 이런 형태는 기능성 게임보다 훨씬 효과가 뛰어나며, 더욱 다양하게 발전할 수 있을 것이라는 기대감도 높이고 있다. 실제 상용화 단계에 이른 제품도 상당히 많다. 특히 정신과 약물에 거부감을 갖고 있는 사람들에게 디지털 치료제가 더 큰 효과를 불러올 것으로 예상된다.

주체적 삶을 만드는 능동적 생각의 시간

—

좋은 치료에서는 환자에게 의무감을 짊어지도록 하지 않는 것이 중요하다. 기능성 게임이 실패한 가장 큰 원인은 재미 요소는 쏙 뺀 채 '치매를 치료하기 위한 게임'이라는 의무감만 강조한 우선순위 설정 오류다. 따라서 의무감을 재미로 바꿔야 하는데, 여기에서 어떤 점이 재미있는 것인가를 먼저 찾아야 한다.

그러기 위해서는 결과보다 과정을 중요하게 여겨야 한다. 그중에 가장 중요한 것이 바로 몰입이다. 몰입이 가능해야 우리가 가지고 있는 직관적인 모습이 녹아들기 시작하고, 이로써 가장 효과적으로 심리적 변화를 일으키게 된다. 아무 의미 없는 목표보다는 나의 직관적인 요소, 재미가 들어가서 능동적으로 바뀌려고 하는 힘, 그것이 아마도 결과보다는 과정을 중요시하게 되는 이유이지 않을까 싶다.

이 책의 도입부에서 설명한 것처럼 다른 사람이 만들어놓은 것을 하기보다는 나 스스로 무언가를 찾아가는 과정인 능동성이 의무감을 재미로 바꾸는 무엇보다도 가장 좋은 방법이다. 결국 이 책에서 말하고자 하는 핵심은 삶에는 목표, 즉 결과가 있어야 하는데, 이를 찾아가는 과정에서 재미, 즉 과정을 놓쳐서는 안 된다. 단순한 쾌락이 아닌 삶의 진정한 즐거움은 어떤 목표를 이루기 위해 노력하면서 결과보다는 과정을 중시하고, 이를 타인의 손에 맡기지 않으며 능동적으로 해나갈 때 제대로 맛볼 수 있다.

지금까지 살펴본 중독과 몰입은 손바닥의 앞면과 뒷면 같을 수도 있다. 나의 충동 조절 능력, 능동성, 집중력과 같은 성향에 따라 손바닥의 앞면이 될 수도, 뒷면이 될 수도 있다는 이야기다.

어느 정도 나이가 들고 인생이 안정기에 접어들었을 때는 중독과 몰입이 그렇게 중요해지지 않게 된다. 하지만 뇌가 발달해나가는 청소년기, 뇌가 이제 막 성숙한 청년기에는 다르다. 이때는 몰입과 중독의 차이점을 제대로 알고, 내 인생에서 나쁜 것도 긍정적으로 끌고 가면서 몰입하는 힘을 만드는 것이 앞으로의 인생에서 굉장히 중요하다. 지금까지 이야기한 내용을 바탕으로 나에게 응용할 수 있는 부분이 무엇인지 고민해보고 중독이 아니라 몰입하는 삶을 지향한다면 어떤 물질에 유혹당하지 않더라도 누구보다 재미있게 살아갈 수 있을 것이다.

주요 키워드

몰입
"무언가에 빠지게 하는 긍정적인 반응"

어떤 한 가지 행위를 지속적으로 하고 싶은 욕구. 중독과 비슷한 의미로 사용되지만 긍정적인 의미가 더 강하다. 사전적인 의미로는 주위의 잡념, 그리고 방해물을 차단하고 원하는 곳에 자신의 모든 정신을 집중하는 것을 뜻한다.

중독
"무언가에 빠지게 하는 부정적인 반응"

몰입과 비슷하지만 특정 물질을 사용하고 싶은 강한 욕구 혹은 의지를 나타내며 물질을 사용하는 데 통제가 어렵다는 특징이 있다. 또한 이러한 행위로 유해한 결과가 따라온다는 사실을 자각함에도 불구하고 지속적으로 사용한다는 점이 다르다.

현저성
"내 눈엔 너만 보여"

물체나 현상이 가지고 있는 어떠한 특징이 다른 것과 비교해서 두드러지게 보이는 것을 의미한다. 사람의 뇌에서 외부에서 주어지는 모든 정보를 다 처리하기 어렵기 때문에 지각적으로 특별한 몇몇 자극에만 집중하게 되는 것이다.

싱글태스크 러닝
"한 번에 한 가지씩"

하나의 태스크, 즉 하나의 일이 들어오면 하나의 로직으로 결과를 도출한다. 자동차를 만들 때, 싱글태스크로 작업하면 다섯 명의 사람이 각자 자동차의 동체, 핸들, 바퀴, 브레이크, 엔진 등을 처음부터 끝까지 맡아서 총 다섯 대의 자동차를 만들게 되는 것과 같다.

멀티태스크 러닝
"가장 집약적인 뇌 사용법"

많은 양의 데이터를 효과적으로 수행할 수 있는 능력. 다섯 명의 사람이 자동차를 만든다면 각자의 로직으로 자신이 맡은 부품만을 만들기 때문에 더욱 유기적이고 효율적으로 처리할 수 있다.

선조체
"우리의 감정을 뒤흔드는 작은 공간"

자발적인 움직임과 시작에 중요한 역할을 하는 뇌의 한 영역. 신경전달물질인 도파민을 가지고 있다가 전두엽이 자극을 받으면 도파민을 분비해 몰입을 돕는다.

도파민
"삶을 한 뼘 더 즐겁게 하는 호르몬"

뇌신경 세포의 흥분을 전달하는 신경전달물질. 선조체에 저장되어 있다가 전두엽이 자극받으면 분비된다. 술, 담배 중독물질뿐 아니라 공부, 음식, 즐거움을 느낄 때도 분출된다.

전두엽
"성인으로 향하는 뇌의 마지막 관문"

인간의 기억력 및 사고력과 같은 고도의 인지 능력, 감정 등을 조절하는 뇌의 영역. 전두엽이 제대로 발달하지 않으면 충동성이 심해진다. 청소년기를 지나 성인이 되었을 때 완성된다.

공존 질환
"충동을 병적으로 만드는 관문"

해당 질환 이외에 한 개 이상의 질병 과정이 동시에 존재하는 것. 공존 질환을 갖고 있는 사람은 중독에 더 쉽게 노출되는 경향을 보인다. 공존 질환과 중독의 선후 관계를 명확하게 파악해야 효과적인 치료를 시작할 수 있다.

ADHD
"'혹시 나도?'의 대표적인 질환"

정식 명칭은 주의력결핍과잉행동장애. 이 질환을 앓는 사람은 주의력이 부족하고 산만하며 충동성이 심해 자주 다치거나 물건을 잃어버리는 등 일상 생활에서 여러 불편을 겪는다. 과거에는 어린아이에게만 나타나는 증상이라고 생각했지만, 최근에는 성인 ADHD가 점점 늘어나며 대중의 관심도 높아지고 있다.

기능성 게임
"재미를 잃어버린 게임은 게임이 아니다"

게임의 주요 목적인 오락성보다는 특별한 목적을 의도로 설계한 게임. 교육적인 목적뿐 아니라 건강, 홍보, 경영, 복지 등 다양한 영역에서 개발되고 있다. 다만 재미 요소의 부족으로 아직까지 각광받지 못하고 있는 실정이다.

KI신서 11881

집중력의 배신

1판 1쇄 인쇄 2024년 5월 31일
1판 1쇄 발행 2024년 6월 12일

지은이 한덕현
펴낸이 김영곤
펴낸곳 (주)북이십일 21세기북스

인생명강팀장 윤서진 **인생명강팀** 최은아 유현기 황보주향 심세미 이수진
디자인 표지 어나더페이퍼 **본문** 푸른나무디자인
출판마케팅영업본부장 한충희
마케팅2팀 나은경 정유진 백다희 이민재
출판영업팀 최명열 김다운 권채영 김도연
제작팀 이영민 권경민

출판등록 2000년 5월 6일 제406-2003-061호
주소 (10881) 경기도 파주시 회동길 201(문발동)
대표전화 031-955-2100 **팩스** 031-955-2151 **이메일** book21@book21.co.kr

ⓒ 한덕현, 2024

ISBN 979-11-7117-569-7 04300
      978-89-509-9470-9 (세트)

(주)북이십일 경계를 허무는 콘텐츠 리더

21세기북스 채널에서 도서 정보와 다양한 영상자료, 이벤트를 만나세요!

페이스북 facebook.com/jiinpill21   **포스트** post.naver.com/21c_editors
인스타그램 instagram.com/jiinpill21   **홈페이지** www.book21.com
유튜브 youtube.com/book21pub

서울대 **가**지 않아도 들을 수 있는 **명강**의! 〈서가명강〉
'서가명강'에서는 〈서가명강〉과 〈인생명강〉을 함께 만날 수 있습니다.
유튜브, 네이버, 팟캐스트에서 '서가명강'을 검색해보세요!